PAUL CORTICCHIATO

LES CORSES

ET

le Parti Bonapartiste

A MARSEILLE

en 1870 et pendant les Premières Années

de la République

MARSEILLE
LIBRAIRIE P. RUAT
TACUSSEL, Successeur
ÉDITEUR
54, Rue Paradis, 54

1921

PAUL CORTICCHIATO

LES CORSES

ET

le Parti Bonapartiste

A MARSEILLE

en 1870 et pendant les Premières Années de la République

MARSEILLE
IMPRIMERIE MÉRIDIONALE
1921

A EUGÈNE MIRTIL

Mon cher Ami,

Je te dédie ces souvenirs.

Tu les as vécus avec moi, tu as connu les hommes dont je parle. Ils sont restés dans notre mémoire, comme dans notre affection.

Que ce livre les fasse revivre dans l'esprit de qui le lira ! Il a débordé mes premiers projets. Écrit, au début, pour les Corses, seulement ; il a, peu à peu, englobé dans son récit, ces bons Marseillais, qu'étaient les chefs du parti de l'Empire, à Marseille.

Je n'en réaliserai que mieux, mon unique désir : parler des pères avec leurs fils.

PAUL CORTICCHIATO.

Janvier 1921,

LES CORSES

ET LE

PARTI BONAPARTISTE

A MARSEILLE

en 1780

et pendant les Premières Années de la République

I

L'OPINION AU 4 SEPTEMBRE

L'ARRESTATION DE MON PERE

En évoquant le souvenir des Corses qui vivaient à Marseille en 1870, je n'ai pas la prétention d'écrire un livre d'histoire, pas même des mémoires ; je veux simplement, comme en famille, parler des pères avec leurs fils.

Aussi ne me préoccuperai-je d'aucun classement chronologique, j'écrirai au hasard de mes souvenirs, sous leur dictée.

Je serai amené, par le développement logique de mon récit, à parler des chefs du Parti de l'Empire à Marseille. Les Corses, en effet, les ont, pendant longtemps, reconnus pour .leurs chefs.

Souvent je les présenterai, dans le cadre d'un magasin de tailleur, qui était situé sur la Canebière. Ce ne sera pas, qu'on le croie bien, par simple piété filiale, mais parce que ce magasin fut, pendant plusieurs années, le rendez-vous des principaux Corses de notre ville.

Les plus notoires, en 1870,, étaient : M. Simon Ramagni, directeur de la Compagnie Valéry ; MM. Bortoli frères, les créateurs des grands bazars marseillais ; M. Dominique Martinetti, l'armateur, et un pharmacien, M. de Peretti. A cette liste, il convient de joindre, bien qu'il n'habitât Marseille que passagèrement, le comte Valéry.

Deux d'entre ces Messieurs jouissaient d'une véritable popularité dans la population marseillaise, M. Ramagni et M. de Peretti. Il faut dire que tous deux avaient fait de la politique républicaine sous l'Empire, ce dont leurs compatriotes, bonapartistes dans leur immense majorité, ne leur avaient pas gardé rancune.

Ils ne se ressemblaient pas physiquement. M. Ramagni avait été peu favorisé par la nature. Il était petit ; une barbe en collier entourait sa figure aux traits rudes ; le menton, légèrement proéminent, témoignait d'une volonté tenace. Ses yeux pétillaient d'intelligence, mais n'arrivaient pas à adoucir sa physionomie. Très vif, il s'emportait à la moindre contrariété, je pourrais dire à la moindre contradiction. Et pourtant, il était infiniment bon ; mais on l'aurait bien mis en colère, en lui disant qu'il l'était. Sa beauté morale avait une pudeur qui lui faisait craindre d'être mise à nu et, malheureusement pour lui, ceux qui ne le connaissaient pas, le jugeaient quelquefois sur les apparences.

Tout autre était M. de Peretti. Sa physionomie rayonnait de bonté. Quand je l'ai connu, il avait une belle barbe blanche qui lui donnait l'aspect d'un patriarche. Sa pharmacie de la rue d'Aix, qui est maintenant, je crois, la pharmacie Cassius, était toujours ouverte aux pauvres. Ils payaient le prix qu'ils voulaient et, parfois, ne payaient pas. Aussi était-il très aimé dans son quartier, et même dans toute la ville.

La popularité de ces deux hommes contribua beaucoup à adoucir pour nos compatriotes les conséquences de l'effervescence anti-bonapartiste provoquée par la révolution du 4 septembre et qui s'étendit à tous, aux fonctionnaires comme à ceux qui n'avaient jamais rien eu à voir avec l'administration.

Aux causes politiques d'ordre général, il faut ajouter quelques raisons locales d'un ordre moins élevé, mais qui ne contribuèrent pas peu à l'acuité de la situation.

* * *

La police de l'Empire avait la main ferme (la population n'avait pas encore expérimenté celle de la République) et parmi ses commissaires, deux étaient particulièrement mal vus, deux Corses, MM. Ortoli et Antonioli.

Je ne me rappelle pas M. Ortoli au point de vue physique. Mais j'ai beaucoup entendu parler d'un incident auquel son nom resta longtemps attaché. Lors de la dernière épidémie, qui sévit à Marseille vers la fin de l'Empire, des feux étaient allumés, le soir, dans tous les quartiers de la ville, pour purifier l'air. A la plaine Saint-Michel, des manifestants qui introduisaient la politique là où réellement elle n'avait rien à faire, brûlèrent un mannequin auquel des moustaches cirées et une barbiche à l'impériale, donnaient une vague ressemblance avec Napoléon III. Quand Ortoli, qui était commissaire de police du quartier, apprit ce séditieux autodafé, il accourut avec ses hommes et dispersa les manifestants avec un tel entraih que la légende des casse-têtes de l'Empire y prit une nouvelle vigueur. De là à accuser les policiers corses des pires méfaits, il n'y avait qu'un pas : il fut vite franchi...

Je me rappelle très bien Antonioli. Il était superbe : le type de l'officier du second Empire. Il portait le bicorne sur l'oreille, la main sur la garde de l'épée qu'il redressait fièrement pendant que l'autre caressait une moustache dont les pointes menaçaient le ciel. On prétendait que les femmes l'aimaient ! Je suis obligé de faire une exception pour les loueuses de chaises des jours de procession, qui le détestaient. Le placement des chaises sur la voie publique se faisait par date d'occupation. Les braves femmes passaient la nuit sur la Canebière et, le matin, au milieu d'un tapage indicible, parmi des jurons et des expressions qui eussent dû inspirer Bénédit ou Victor Gelu, le commissaire du quartier venait donner à chacune la surface que leur avait. accordée la Mairie, sur l'emplacement qu'elles avaient choisi elles-mêmes et occupé pendant la nuit. Les scènes qu'occasionnait ce classement étaient épiques. Telle loueuse qui avait droit à 10 mètres étendait ses chaises sur 12 mètres, quand ce n'était pas sur 15. Sa voisine protestait avec une volubilité de paroles qui, naturellement, n'excluait pas les gestes. Ils étaient parfois frappants ! C'est au milieu de ces méridionales en fureur que les commissaires devaient ramener la paix et le respect des droits acquis : ce n'était pas chose facile et l'on comprend l'irritabilité de ces fonctionnaires.

Un commissaire, né sur le terroir, aurait pu, en parlant provençal, apaiser par une galéjade, ces braves femmes au caractère rappelant la soupe au lait. Or, des deux commissaires auxquels incombait cette tâche, l'un était Corse, Antonioli, l'autre Bourguignon, je crois, il s'appelait Moutardier. Ces deux choix étaient particulièrement malheureux. Quand les loueuses n'obéissaient pas assez vite aux injonctions des commissaires, c'était à qui des deux enverrait les chaises le plus loin, et menaçait leurs propriétaires de leur faire un sort pareil. La galerie se roulait, mais les pauvres femmes ainsi brutalisées, amassaient dans leur cœur une véritable haine contre ces fonctionnaires et contre l'Empire qu'ils représentaient à leurs yeux.

Aussi, hélas ! au 4 Septembre, s'en donnèrent-elles à cœur joie contre tout ce qui avait trait à l'Empire et à la Corse ! L'hospitalité que donna mon père, en ces tristes jours, à la famille de

M. Nyer, le dernier secrétaire général de l'Empire à Marseille, le fit englober dans ces représailles que rien, pour lui, ne justifiait.

* * *

M. Louis Nyer était un Ajaccien de vieille souche, puisque, comme le cardinal Fesch, il descendait d'un des officiers suisses qui avaient tenu garnison dans notre Ile, avant la Révolution. Il avait constamment été républicain. Ami de Jules Simon, Emile Ollivier et d'autres républicains de 1848, il eût été appelé aux plus hautes destinées sous le nouveau régime si, à la suite d'Emile Ollivier, il ne s'était rallié à l'Empire libéral. Maire d'Ajaccio, il eut l'honneur de recevoir l'Impératrice et le Prince Impérial, lors des inoubliables fêtes du centenaire de la naissance de Napoléon Ier, et c'est au cours de ces fêtes, que l'Impératrice lui demanda d'entrer dans l'Administration. Il était secrétaire général des Bouches-du-Rhône, depuis quelques mois seulement, quand le 4 Septembre éclata.

Il n'entre pas dans mon cadre de retracer toutes les péripéties de cette époque ; elles ont d'ailleurs été racontées au jour le jour, et de façon saisissante, par un de nos compatriotes, rédacteur au *Petit Marseillais* : Sylla Michelesi. Je ne parlerai que de ce qui nous a touchés de plus près, par exemple, l'arrestation de mon père, et de ce que j'ai vu ou entendu de la bouche même de témoins oculaires.

* * *

Le 4 Septembre, passants et manifestants avaient vu entrer au n° 24 de la Canebière, des dames et des enfants, en proie à une grande agitation. Deux hommes les accompagnaient ; tous deux nos compatriotes. Le plus jeune, ne devait pas tarder à être une des célébrités de l'astronomie contemporaine, un Leverrier marseillais, il s'appelait Jérôme Coggia. L'autre, M. Carbuccia, était un cousin de la famille Nyer.

La rumeur publique prétendit que mon père avait reçu chez lui le Préfet, M. Levert et sa famille. Le public se trompait d'un rang dans la hiérarchie impériale. Ce n'était pas la famille du Préfet, mais celle du Secrétaire général. Il n'en fallut pas davantage pour que, le surlendemain matin, une bande d'hommes armés se ruat dans notre magasin, dans nos appartements, fouillant dans les armoires, lançant des coups de baïonnettes sous les lits... bien inutilement ; ils ne trouvèrent pas le Préfet qu'ils cherchaient, mais en guise de compensation, ils emmenèrent mon père qu'ils accusaient de recéler ce dangereux malfaiteur.

L'attitude de nos voisins en cette triste circonstance, fut, sauf une méprisable exception, ce qu'elle devait être. Je vois encore, protestant avec indignation, dans un groupe, M. Lachamp, le tailleur pour le clergé, M. Platel, l'horloger, et MM. Fontana, les opticiens. Mais que pouvaient-ils contre la foule ameutée ? Plus heureux fut M. Bongat, marchand tailleur. Il était dans la rue Saint-Ferréol, lorsqu'il vit passer son ami entre les émeutiers, baïonnette au canon. Ce brave homme se précipita vers la Préfecture où s'était installé M. Alexandre Labadié, qui vendait du drap à mon père depuis le règne de Louis-Philippe et qui lui avait toujours témoigné les sentiments d'une véritable amitié. L'indignation de cet honnête homme fut grande lorsqu'il apprit la nouvelle de la bouche de M. Bongat. Il donna des ordres pour que le citoyen Corticchiato fût relaxé dès qu'il arriverait à la Préfecture, et Bongat se chargea, avec joie de l'exécution de ces ordres. A peine arrivé, mon père fut mis en liberté, avec force excuses, et il rentra à la maison peu de minutes après, au bras du dévoué M. Bongat.

Mais M. Labadié ne voulut pas que pareil fait se reproduisit et, pour en prévenir le retour, il eut une idée qui, excellente en soi, ne nous en causa pas moins une vive émotion. Il chargea un de ceux qui avaient fait la Révolution avec lui, de venir haranguer la foule devant le magasin de mon père, de se porter garant de son honorabilité, en son nom, et de dissuader les citoyens de procéder à des arrestations arbitraires.

Je vois encore, débouchant de la rue Saint-Ferréol, en courant, un homme jeune, grand et légèrement voûté, une écharpe tricolore en sautoir. Il était suivi d'une quinzaine de gardes nationaux en armes. Nous crûmes tous que, furieux de la mise en liberté de mon père, ils venaient le rechercher. Grande était notre erreur. En effet, à peine arrivé devant notre magasin, le délégué de M. Labadié monta sur une chaise et, avec une véritable éloquence et un grand courage, il fit l'apologie des Corses en général et de mon père en particulier. Il termina par le cri de « Vive la République », frénétiquement applaudi par la foule qui, avec sa versatilité habituelle, témoignait sa sympathie, l'après-midi, à ceux qu'elle avait menacés et violentés le matin.

Très ému, je remerciai chaudement notre éloquent protecteur, et lui demandai son nom. Il me répondit : « Mon enfant, je suis le citoyen Maurice Rouvier et si on vous menace encore, faites-moi prévenir immédiatement, et il ne vous sera fait aucun mal, je vous en réponds. »

Nous n'eûmes plus l'occasion de recourir à lui, pas même quand il fut devenu un des ministres les plus notoires du nouveau régime.

Durant toute la carrière de cet homme politique, pour qui la Roche Tarpéienne fut, par deux fois, si près du Capitole, mon père lui garda une vive reconnaissance de la protection accordée à sa famille et toujours dans ce centre d'opinion politique adverse qu'était sa maison, il prit la défense de M. Rouvier.

II

LE DEPART DE L'IMPERATRICE

ET L'ATTITUDE DES AUTORITÉS

Pendant que ces incidents se produisaient sur la Canebière, la Préfecture, l'Hôtel de la Division et la Mairie, étaient le théâtre d'événements plus graves, que le départ de l'Impératrice devait transformer en révolution.

Sa Majesté, en effet, affolée autant par le souvenir de Marie-Antoinette, que par les instances de deux étrangers, le chevalier Nigra et le prince de Metternich, s'était réfugiée chez son dentiste, en attendant le moment propice pour gagner l'Angleterre.

C'est un épisode émouvant de notre histoire contemporaine, que ce départ, conseillé et protégé par les ambassadeurs de Victor Emmanuel et de François Joseph. Le premier avait promis à son gendre, le prince Napoléon, le concours de 100.000 hommes, en échange de l'abandon de Rome; mais alors que nous avions évacué promptement la capitale des états pontificaux, il mobilisait avec la plus prudente lenteur, de façon à n'intervenir, que quand tout serait fini, si la chance nous avait favorisés, décidé à ne pas intervenir du tout, si la fortune se retournait contre nous.

Le second, était peu désireux de prendre sa revanche de Sadowa, et surtout peu porté à payer sa dette de reconnaissance vis-à-vis de Napoléon III, dont l'intervention diplomatique, les historiens de la République finiront par le reconnaître, avait arrêté les Prussiens sur la route de Vienne.

L'Impératrice, si patriote, aurait défendu son trône, si elle avait prévu ce que la déchéance de sa dynastie coûterait à la France.

Sa responsabilité devant son parti et la famille, dans laquelle l'amour de Napoléon III la fit entrer, n'en restera pas moins grande, à cause du 4 Septembre d'abord, et plus encore, peut-être, pour avoir laissé se créer des légendes, que la publication de ses archives aurait suffi à dissiper.

Celle de notre isolement en Europe est du nombre. Combien de fois, ai-je entendu raconter, étant enfant, dans ce milieu, où les personnages, les plus importants coudoyaient les plus humbles, que Jules Favre avait emprunté sa phrase trop célèbre, « Pas un pouce de notre territoire, pas une pierre de nos forteresses « à une dépêche du général Fleury, trouvée dans les papiers de l'Impératrice régente : « Je viens de voir l'Empereur de Russie, il m'a autorisé à télégraphier à Votre Majesté que nous ne céderions pas un pouce de notre territoire, pas une pierre de nos forteresses. »

Pour combattre l'Empire, le nouveau régime a laissé peser, sur la mémoire de Jules Favre, cette déclaration, qui aurait été une monstrueuse fanfaronnade, si elle n'avait été excusée par l'illusion que la France républicaine trouverait auprès du Tsar, l'appui formellement promis à l'ambassadeur de Napoléon III. Et l'Impératrice n'a pas publié cette importante dépêche !

Il a fallu que dans une circonstance solennelle, un ministre de la république, parlant en présence du Chef de l'Etat, ait à établir les responsabilités de l'Allemagne, pour que nous apprissions, de sa bouche, qu'il existait une dépêche du premier Guillaume à l'Impératrice Eugénie, lui déclarant que l'annexion de Metz et de Strasbourg avait été une nécessité pour l'Allemagne, et que cette dépêche Sa Majesté l'avait fait déposer tout récemment, aux archives nationales.

* * *

Après le départ de la Régente, les fonctionnaires de l'Empire ne pouvaient faire rien de plus qu'ils n'ont fait.

L'attitude de M. Levert, avant le 4 Septembre, prouve qu'il avait conscience de sa responsabilité, et que l'émeute ne lui faisait point peur.

Je me rappelle, comme si elle était d'hier, la manifestation qui se produisit, dans la journée du 7 Août 1870.

C'était un dimanche; un de mes petits amis et moi, avions pris l'omnibus, pour aller à la campagne, quand, arrivé aux allées de Meilhan, l'omnibus ne put plus avancer, tant la foule était grande. C'était une manifestation colossale, remplissant l'énorme artère, qui descendait du cours du Chapitre, et se dirigeait vers la Préfecture. En tête, deux hommes portaient au bout de deux longues hampes, une énorme banderolle qui tenait toute la largeur de la chaussée, et sur laquelle étaient écrits, en grosses lettres, les mots : « La Patrie est en danger ». Descendre d'omnibus fut pour mon ami et pour moi, l'affaire d'une courte minute. Nous nous joignîmes au cortège, et arrivâmes, avec lui, à la place de la Préfecture.

Quelques agents, seulement, gardaient la place, mais énergiques et décidés !

Bien qu'aussi peu défendu, M. Levert refusa de recevoir les délégués de la manifestation alarmiste, à la tête de laquelle marchaient tous les chefs du parti républicain. Elle dut faire demi tour.

Quand cette manifestation, repoussée de la Préfecture, se présenta devant la mairie, elle y trouva le général d'Exéa, en personne, qui, à la tête de deux compagnies de ligne, la somma de se disperser et la dispersa, par la force.

***

Des troubles graves se produisirent alors; les émeutiers firent feu sur la troupe, sans que celle-ci ripostât. Des arrestations eurent lieu, parmi lesquelles celle de Gaston Crémieux qui fut le 27 Août, condamné, avec treize autres inculpés, à des peines, relativement légères.

Ici, comment ne pas faire une comparaison ? Gaston Crémieux est jugé par un conseil de guerre de l'Empire; il est mis dans l'impossibilité de nuire par une peine qui n'attaquait que sa liberté. L'Empire s'en tient là.

Au 4 Septembre la révolution ouvre les portes de sa prison.

Elle l'arrête, quelques mois après, pour des faits sensiblement pareils à ceux qui avaient amené sa première arrestation. Le conseil de guerre de la République le condamne à mort et il est fusillé.

Autre comparaison :

Pendant la dernière guerre, des ouvriers qui avaient, dans des bars, émis des opinions pessimistes, ont été emprisonnés et condamnés.

Je ne voudrais pour rien au monde, paraître me rallier aux opinions des instituteurs, dont les journaux extrémistes réclament la réintégration dans leurs anciens postes, mais ces instituteurs n'avaient rien fait, à côté de ce que le parti républicain a fait en Août 1870 ? En 1870, c'était l'insurrection devant l'ennemi ! Et l'Empire a usé de douceur vis à vis des manifestants !

L'Empire a eu tort, je n'hésite pas à le reconnaître. La République a eu raison.

Mais qu'est-ce à dire sinon que la doctrine impérialiste est préférable à la doctrine dite républicaine ?

Elle est la seule, en tous cas, qui soit compatible avec le droit de vivre, qu'on ne saurait contester à un gouvernement ayant le sentiment de ses droits et le souci de ses responsabilités.

En écrivant ces lignes, je prétends que, bien loin de me rallier à tel ou à tel régime, je proclame, une fois de plus, les opinions que j'ai soutenues toute ma vie.

***

Revenons au 4 Septembre. Quelle fut l'attitude des principales autorités, en cette journée décisive ?

Le général d'Aurelle de Paladines, qui avait remplacé depuis peu, le général d'Exéa, au commandement de la division de Marseille, fit croiser la baïonnette à la compagnie de garde à son hôtel.

Quand les émeutiers voulurent pénétrer dans la rue Armény, il donna même l'ordre de faire feu, si l'officier qui commandait, voyait ses hommes débordés. Il ne rétracta l'ordre que vers midi, quand les dépêches de Paris annoncèrent que l'Empire avait vécu.

Et ce fut la même chose dans toute la France, car il faut le dire hautement, si les républicains ont eu tort de faire une révolution en présence de l'ennemi, ils n'ont trouvé devant eux aucune résistance. L'Empire volontairement ne s'est pas défendu.

Quelle a été la raison d'une décision aussi grave ? L'intention, bien arrêtée, de ne pas diviser les forces de la France, devant l'ennemi.

J'ai entendu dire aussi que la famille Impériale, dans son patriotisme ardent et généreux, avait cru à la légende du souffle de 92, à la vertu de la *Marseillaise*, et à la victoire par la levée en masse, que, plus que l'Empire, la République pouvait réaliser .

Après, l'Empereur de l'Armée et des Paysans aurait été rappelé par le Pays, pour restaurer l'Ordre et l'Autorité qu'il avait pendant vingt ans incarnés.

Je le répète, je ne relate pas, ici, une idée personnelle, je me fais l'écho de ce que j'ai entendu dire par des gens, qui dans des rangs différents, avaient été les fidèles serviteurs de la France et de la dynastie.

⁕

Si le général d'Aurelle de Paladines fit son devoir, le préfet Levert fut tout simplement admirable. En uniforme, dès le matin, il tint tête aux envahisseurs pendant toute la journée du 4 Septembre et il ne quitta son cabinet, que le lendemain du jour où l'Empire avait cessé d'exister.

Les détails, sur ces dernières heures, ont été consignés, de la façon la plus exacte, par un témoin oculaire, M. Volcy Boze, dont j'aurai l'occasion de reparler au cours de mon récit, et qu'une amitié d'enfance liait au Préfet Levert.

C'est à Sainte Barbe qu'ils avaient fait leurs classes, ainsi que le Secrétaire Général, M. Nyer, et un substitut du procureur Impérial, M. Sauvé. Ces barbistes ne se quittèrent, pour ainsi dire pas, au cours des événements; et à un moment donné, le 5 Septembre, Levert, Boze et Sauvé eurent à se défendre, dans un véritable corps à corps.

Pendant la nuit du 4, et jusqu'à 2 heures du matin, un certain nombre d'amis personnels, dévoués au régime, avaient réconforté, par leur présence, le dernier Préfet de l'Empire. Citons, parmi les plus notoires : le Docteur Chaplain, MM. Alexis Estrangin, banquier; Fanjoux, Directeur des Forges et Chantiers; Gillet Roussin, juge; Mancel, courtier de commerce; Hilarion Roux, banquier; Antony Roux, rentier; Raynouard, ancien notaire; Docteur Sauvet, Charles Roux, fabricant de savon (qui depuis... mais alors...) François Rivoire, négociant en vins, etc.

Quelques fonctionnaires avaient tenu à honneur d'être à côté de leur chef, dans ces heures critiques; M. Nyer, le Secrétaire Général, comme je l'ai déjà dit; MM. Cadiergue, conseiller de préfecture; Mouton, attaché au Cabinet du Préfet; père du chef de division honoraire, actuellement mon confrère; Ricard et Toulouzan, chefs de division; Delassaux, chef de bureau à la Préfecture, etc.

Le nom de Toulouzan éveille, en moi, un souvenir personnel. En 1876, je faisais mon droit à la Préfecture. La recommandation de M. Bournat m'en avait ouvert les portes. J'y avais pour camarades, mes condisciples chez le bon répétiteur Milanta, M. de Foresta, au Cabinet du Préfet, MM. Eugène Richard et Eugène de Gasquet, dans la même division que moi.

Je cite ces noms, pour montrer que je n'étais pas le seul attaché dont les opinions ne fussent pas nettement républicaines.

Le Préfet qui, autant qu'il m'en souvienne, était M. Doniol, lança des invitations pour un grand bal. Les employés de la Préfecture furent, naturellement, invités; je le fus, con.me les autres, mais dans des conditions que je vais raconter :

Le planton m'appela, dans le cabinet de M. Toulouzan, j'y allai, en me demandant ce que pouvait bien vouloir le chef de division, au modeste attaché que j'étais : « Monsieur, me dit-il, sur un ton sévère, je suis chargé de vous transmettre un blâme de M. le Préfet. Vous, attaché à l'Administration départementale, vous n'avez pas craint de participer à une manifestation politique, en servant de commissaire à la messe anniversaire, pour le repos de l'âme de l'ex-empereur. M. le Préfet vous blâme, et tout en vous adressant, une invitation, comme d'ailleurs à tous vos camarades, il tient à l'accompagner de l'expression de son mécontentement. »

« Monsieur le chef de division, lui répondis-je, je n'ai pas considéré qu'une messe de deuil fut une manifestation politique.

L'eussé-je pensé, qu'attaché à la Préfecture, à titre gracieux, j'aurais estimé avoir le droit d'agir selon mes opinions; quant à l'invitation de M. le Préfet, je l'en remercie infiniment, mais, étant donné les conditions, dans lesquelles elle m'est faite, je vous prie de m'excuser, mais je la refuse ».

Alors M. Toulouzan, quittant son air d'emprunt me dit en riant : « Venez-y, j'y serai bien, moi ! » Et il me tendit la main en ajoutant : Alors, au bal, si je ne vous revois pas d'ici là. »

***

Cette digression m'a entraîné, loin de mon sujet; j'y reviens, malgré sa tristesse, car les bons serviteurs de l'Empire à Marseille, valent bien cet hommage à leur mémoire.

Donc, M. Levert ne quitta la Préfecture que le lendemain du jour où l'Impératrice, s'était éloignée des Tuileries. Dans quelles conditions, il le fit, son camarade Volcy Boze va nous le raconter :

« Un ancien déporté de 1852, un vrai revenant de Cayenne, un pur celui-là, était armé d'un fusil. Il se montrait le plus acharné contre la personne du Préfet.

« Ce déporté, savetier de son état, se nommait Joseph Maviel.

« Profitant d'un moment où il put avoir ses mouvements libres, et prompt comme un éclair, le retour de Cayenne leva son fusil à une certaine hauteur et asséna avec la crosse de son arme un violent coup au Préfet.

« La crosse n'atteignit, heureusement, que le col de M. Levert, Joseph Maviel étant d'une taille moins élevée que celle du Préfet.

« C'est à ce moment que le citoyen Gustave Naquet fit entendre ces paroles :

« Pas de meurtre, citoyens !

« Et il s'approcha du Préfet pour le protéger.

« La voix du rédacteur en chef du *Journal du Peuple* se perdit au milieu des cris, des vociférations et des imprécations de toutes·sortes proférées par une tourbe furieuse.

« — Citoyen Naquet, retire-toi. Tu n'es plus rien ici. Cet homme nous appartient. Il faut qu'il soit notre prisonnier, lui vocifère l'ex-déporté de 1852, gracié par l'Empereur.

« Et, par un mouvement aussi prompt que brusque, Maviel repoussa le citoyen Naquet.

« M. Levert, de plus en plus cerné, finit cependant, par faire une trouée au milieu de cette populace exaltée. Jeune, vigoureux, d'une stature élevée, doué d'une grande énergie et d'une force physique peu commune, aidé surtout par ses deux amis Sauvé et moi, qui· avions pu nous rapprocher de lui, il parvint à se dégager des étreintes de Maviel. »

Revenu dans ses appartements, il trouva sa femme auprès de leur fille Fathma, clouée au lit, depuis quatre jours par une fièvre violente.

C'est à ce moment que l'archiviste en chef du département, M. Blancard, dont le logement était dans la Préfecture, entra chez le Préfet.

« — Madame, Monsieur le Préfet, dit-il, je viens vous offrir l'hospitalité chez moi, c'est un asile sûr » .

L'enfant malade fut enveloppée dans une couverture, et transportée chez le courageux archiviste, où toute sa famille ne tarda pas à la rejoindre.

Pendant la nuit, seulement, la Préfecture n'é-
tant pas un asile sûr, quoique en ait dit, le dévoué
M. Blancard, la famille Levert se réfugia chez le
Docteur Sauvet, un ·bonapartiste fidèle, dont le
domicile, rue Sylvabelle, était tout voisin. Elle
gagna, le lendemain, en voiture, la gare de Cassis,
où elle prit le train pour l'Italie.

Furieux de cette fuite, ceux qui allaient devenir les gardes civiques, se précipitèrent chez mon
père, trompés, comme je l'ai dit, par le faux bruit,
couru, dans le quartier, qu'il avait donné asile au
·Préfet, alors que nos hôtes étaient nos bons amis
Nyer, la femme, les enfants, et la sœur du Secrétaire Général.

III

LES ARRESTATIONS ARBITRAIRES

Ce fut, pendant les premiers jours de la République, une véritable orgie d'arrestations arbitraires.

Si mon père ,somme toute, s'en était tiré à bon compte, les pauvres diables, qui avaient eu le malheur d'appartenir à la police, furent l'objet des sévices les plus graves.

Volcy Boze a vu des forcenés déshabiller des agents pour mieux les fouetter.

Le sang ruisselait de leurs plaies.

Parmi eux, il reconnut deux inspecteurs, MM. Roux et Marcotorchino, Roux cherchait à apitoyer ses bourreaux, en leur parlant de sa femme et de ses enfants; il fut assommé sur place.

Plus heureux, Marcotorchino bâti en hercule, résista aux sévices ; il put gagner la Corse, son pays d'origine. Bon vivant, il avait l'habitude de saluer ses compatriotes de cette salutation plaisante : « Saluté e vizio ! »

Les actes de la sauvagerie la plus révoltante furent réservés au Commissaire Central, M. Gaillardon.

N'ayant pas assisté à ces scènes, j'emprunterai aussi ces détails au vénérable ami de mon nère M. Volcy Boze, témoin digne de la confiance la plus absolue.

M. Gaillardon, après avoir été atteint, à la tempe, d'un coup de crosse de fusil, fut descendu, dans la cour, et attaché presque mourant, sur une chaise, la figure faisant face aux rayons ardents du soleil.

Pendant plus de deux heures, ce malheureux, exposé aux insultes et aux lâchetés d'une foule en délire, subit les tortures morales et physiques les plus atroces.

Transporté à la prison Saint-Pierre il fut, quelques jours après, tel le prince de Condé, trouvé pendu à une espagnolette de la croisée.

Son corps, contrairement aux usages, ne fut pas autopsié ; livré tel quel aux fossoyeurs, il emporta dans la tombe, le secret de ses bourreaux.

****

Une autre arrestation, pour être moins tragique, n'en provoqua pas moins en ville, une vive émotion.

M. Sainte Colombe Michelin, commissaire général de la Marine, était un homme de la plus haute distinction. Ayant eu l'honneur d'être admis dans son intimité, je puis rendre un hommage personnel à l'affabilité de son accueil, à la fidélité de ses sentiments.

A Nice, aux côtés du Préfet Gavini, aidé de ses charmantes sœurs, Mesdemoiselles Hortense et Elisa Michelin, il avait contribué à donner au monde officiel un cachet de mondanité, dont les Niçois, longtemps, gardèrent le souvenir.

Envoyés dans les Alpes Maritimes, pour assurer l'annexion de ce beau pays à l'Empire Français, M. Gavini et M. Michelin surent accomplir leur tâche de façon à ce qu'aucun Niçois, à aucun moment, ne regretta d'être devenu Français.

A Marseille, M. et Mlles Michelin, continuèrent leurs traditions d'hospitalité aimable. Les salons de la Marine au boulevard du Muy, s'ouvrirent fréquemment à la meilleure société de notre ville. Mademoiselle Hortense, petite, menue, empressée auprès de tous, animait les réceptions de son frère, de sa grâce remuante et de son esprit pétillant.

Aussi l'émoi fut-il grand, en Bourse, quand le bruit y courut de l'arrestation de M. Michelin.

Le commissaire général de la marine avait été arrêté par son subordonné, le capitaine du Port, pour n'avoir pas voulu révoquer le pilote major, accusé de bonapartisme !

M. Labadié fut énergique. Il fit mettre en liberté immédiate M. Michelin et révoqua le capitaine du port, un nommé Klingler. Le procureur de la République ordonna même son arrestation; mais Esquiros, en sa qualité d'administrateur supérieur du département, le fit mettre en liberté. Le respect de la magistrature était un sentiment qu'Esquiros ignorait; ce récit le montrera encore plus dans la suite.

****

Les Jésuites furent particulièrement malmenés, pendant la tourmente. Ils virent leur couvent envahi et occupé par cette tourbe, qui déshonorait le beau nom de « garde civique ». Leur supérieur le père Tissié fut incarcéré et battu.

Dirai-je que cette arrestation, n'occasionna aucun regret chez les bonapartistes et que seuls les coups reçus par ce prêtre, excitèrent leur commisération chrétienne ? Pourquoi pas, puisque c'est la vérité.

Quand Gambetta se présenta aux élections législatives contre M. Ferdinand de Lesseps ; quand la passion politique égara les électeurs Marseillais au point de leur faire préférer un avocat, à peine Français, au grand Français; désobéissant aux recommandations de son évêque Monseigneur Place, le père Tissié, se présentant, pour voter, au bureau de vote de l'Alcazar, tendit au président un bulletin ouvert, au nom de Gambetta !

Chez ce jésuite le sens pratique l'emportait sur la véritable intelligence. Il ne voyait, ni de loin, ni de haut.

Son goût artistique était éclairé, puisqu'il confia la décoration du Cercle religieux au peintre Magaud; mais son intelligence politique était nulle.

En votant à bulletin ouvert pour Gambetta, il crut réconcilier les républicains avec son ordre; il ne fit que s'aliéner les amis de l'Empire.

Le pauvre homme n'avait pas plus de cervelle, que de chapeau. Son habitude de marcher, tête nue, l'avait fait surnommer, « pater senso capeou ».

J'en aurais fini avec les arrestations les plus sensationnelles, si je ne croyais devoir relater, à cause de la singularité de l'inculpation, celle d'une jolie fille, d'origine corse, Mademoiselle B... arrêtée, pour avoir eu des relations avec le prince Pierre Bonaparte ! Le Procureur de la République, après examen du code, je suppose, ne trouva pas le motif suffisant, pour maintenir la prévention.

*
* *

Au milieu de ce débordement d'arbitraire et de tyrannie, l'amour de la liberté devait pourtant avoir son heure. Elle sonna, à la Plaine Saint-Michel, certain jour, que je voudrais pouvoir mieux préciser dans l'intérêt de l'histoire. Qu'elle me pardonne de ne lui apporter qu'une date approximative.

C'était dans les premiers jours de septembre 1870, la vaste place était devenue le forum de Marseille. Un orateur pérorait, sur une tribune improvisée, quand vint à passer la charrette des chiens.

« Citoyens, s'écria-t-il, en république, tout le monde doit être libre, même les animaux. Je propose qu'on abolisse la charrette des chiens. Allons délivrer ces malheureuses bêtes, qui subissent encore les lois funestes de l'Empire. »

J'emprunte ce dicours, mot pour mot, à l'histoire des événements de Marseille, par Maxime Aubray et Sylla Michelesi.

Aussitôt dit, aussitôt fait, La foule enveloppa la fatale charrette, et l'orateur rendit à la liberté une demi douzaine de victimes, à quatre pattes, de la tyrannie impériale.

IV

LES CORSES REPUBLICAINS

Les Corses républicains n'étaient pas nombreux à Marseille, en 1870. En évaluant leur nombre à une douzaine, je me ferai peut-être taxer d'exagération, et pourtant je ne crois pas leur faire tort de beaucoup. Ils rachetaient leur petit nombre par la violence de leurs opinions. Je mets à part, bien entendu, les personnalités si hautement estimées de MM. Ramagni et de Peretti.

Le plus notoire était un nommé Bastelica. Sa parole enflammée soulevait l'enthousiasme des habitués des clubs qui siégeaient en permanence à l'Alhambrah, vaste salle de spectacles s'étendant de la rue d'Albertas (aujourd'hui de la Darse) à la rue Sainte, et qu'occupent maintenant les ateliers du *Petit Provençal*. Il pérorait aussi aux Folies Bergères, café-concert transformé, peu de temps après, en entrepôt de marchandises et qui était situé dans le passage qui va de la place Centrale à la rue Sainte-Claire.

Pour apprécier le rôle que pouvait jouer un orateur endiablé comme Bastelica, il faut bien saisir le contraste frappant entre l'agitation de la vie publique dans notre cité, pendant la guerre de 1870, et sa tenue si digne pendant la grande guerre heureusement terminée aujourd'hui. Maintenant, la censure la plus sévère, les Conseils de guerre, tout au moins la Correctionnelle, pour contenir les manifestations dangereuses ou jugées telles, de la pensée; ni clubs, ni réunions ! En 1870, pas de censure pour les journaux, la plus grande liberté pour la tribune; je devrais dire pour les tribunes, car chaque quartier avait son club. Les plus graves questions s'y agitaient; on y traitait de questions générales et de politique locale, on y décidait de la paix et de la guerre ! Certain soir, le club de l'Alhambrah condamna à mort tout le troisième bataillon de la Garde Nationale, celui du quartier qu'on appelait encore le cours Bonaparte.

Que mes lecteurs se rassurent. Ces condamnations, assez fréquentes, n'étaient jamais exécutées.

Mais un soir, Bastelica devait s'affirmer comme précurseur ! il fit décider que la République Française concluerait immédiatement une alliance offensive et défensive avec la République des Etats-Unis. Ce fut pour lui un véritable triomphe! Un docteur américain, nommé Trenck, venu à Marseille pour vendre des fusils, se porta fort de l'acceptation de son gouvernement. Sur sa proposition, l'Assemblée décida d'aller, le lendemain, porter solennellement, sa délibération au Consulat des Etats-Unis.

Trop jeune pour sortir le soir, je n'avais pas assisté à la séance, mais je vois, comme si ce souvenir était d'hier, le cortège arrivant devant le

Consulat. En tête, des cavaliers de la garde civique; derrière les cavaliers, de grands drapeaux français et américains, puis une musique, un détachement de gardes nationaux et, encadrant les promoteurs de la manifestation, des adolescents, qui devaient former plus tard les bataillons scolaires, et qu'on appelait alors « gardes urbains » ou « vélites républicains. »

Arrivés à la rue Sylvabelle, devant le Consulat, les manifestants acclamèrent l'Amérique. Le docteur Trenck parut au balcon, avec un homme qu'on me dit être Bastelica: tous deux haranguèrent la foule enthousiaste. Ils déclarèrent que l'union entre la France et l'Amérique était désormais indissoluble. Enchantés l'un de l'autre, les deux orateurs s'embrassèrent aux applaudissements de la foule, et pour gage de l'Alliance entre les deux peuples, ils nouèrent le drapeau du Consulat à un des drapeaux de la manifestation, porté sur le balcon. Des deux hommes, l'un était un faiseur, l'Américain; le Français était un méridional se grisant de sa propre éloquence. Mais que penser du Consul qui prêtait le balcon de son Consulat et le drapeau de son pays à une pareille comédie?

Bastelica n'aurait pas été un véritable Corse, s'il s'en était tenu aux seules agitations de la Tribune. Il devait à ses origines d'être homme d'action, et il le fit bien voir le 1er Novembre 1870.

Ce jour-là, une manifestation monstre envahit l'Hôtel de Ville; notre homme était à sa tête avec Adolphe Carcassonne, le bon poète, auteur de « La leçon de grammaire », M. Guillard qui fut conseiller municipal, sous la première municipalité Flaissières, et d'autres encore.

Il ne s'agissait rien moins que de substituer un comité révolutionnaire au Conseil Municipal pourtant républicain, élu vers la fin de l'Empire. Quelques manifestants se rendant compte de la gravité de l'acte, regrettaient l'absence d'Esquiros.

Bastelica, seul, pouvait calmer les inquiétudes et maintenir l'enthousiasme. Il parut au balcon de la Mairie et harangua la foule. Le bâtonnier Estier qui enfant, assista à ces incidents, et me les a racontés, se rappelle sa voix aigre et prenante:

« Citoyens, vous nous demandez pourquoi le « citoyen Esquiros n'est pas parmi nous ? Je vous « dirai que si le citoyen Esquiros est à la Préfec- « ture, c'est qu'il y est retenu par ses devoirs de « citoyen et de père de famille. » Esquiros était, en effet, au chevet de son fils William, qui devait mourir quelques jours après.

La manifestation eut un plein succès puisque elle provoqua de nouvelles élections municipales, qui donnèrent à la liste de notre ancien professeur de rhétorique, M. Vessiot, une majorité considérable.

La popularité de Bastelica sombra tout d'un coup sur le théâtre même de ses exploits. Une interpellation burlesque sur sa vie privée parut le déconcerter. On ne le revit plus.

Bastelica, simple ouvrier, était un primaire : on lui attribua, pourtant, une certaine influence sur la formation politique de deux intellectuels, nos compatriotes, que je connus au lycée, où ils étaient, l'un Allerini, préparateur de Chimie, l'autre, Bianconi, surveillant général. Ils étaient, tous deux, républicains avancés et fréquentaient les clubs. Quand éclata le mouvement insurrectionnel de la Commune, Allerini partit pour Paris. Le bruit courut, au Lycée, qu'il avait été fusillé avec Rossel.

Bianconi ne l'accompagna pas. Il s'en tint à des discours républicains et anti-bonapartistes. A cette époque-là, les Corses étaient obligés de donner des gages. J'ai entendu dire qu'il. est mort dans un des emplois importants de l'Université.

****

En marge de la vie politique, je serais tenté de dire dans la coulisse, s'agitait un personnage peu sympathique, surnommé, je ne sais trop pourquoi : « *U figlio doou vescovo !* » Que mes lecteurs et surtout mes lectrices, si j'en ai, ne se scandalisent pas trop. Nos concitoyens marseillais appliquaient la même dénomination à un honorable avoué près le Tribunal civil, dont ils attribuaient la paternité à un de leurs plus illustres évêques ! Il est vrai que cet évêque avait été dans sa jeunesse officier de dragons, et qu'en cette qualité, il n'avait prononcé aucun vœu.

« *U figlio doou vescovo* » pour l'appeler par son surnom, fréquentait les milieux politiques influents de Marseille. Il était aux côtés du préfet Gent, quand celui-ci fut blessé d'un coup de revolver, tiré sur lui par un partisan trop zélé d'Esquiros. Il venait aussi chez mon père ; mais leurs relations furent brusquement interrompues par une phrase malheureuse qu'il prononça au cours d'une discussion politique. Il osa dire :

« Napoléon III est un traître ! » La phrase n'était pas achevée, que les compatriotes présents l'avaient raccompagné jusqu'à l'extrémité du trottoir qu'il ne franchit plus pour revenir chez nous.

J'eus l'occasion de constater dans la suite qu'il n'oublia jamais cet incident. Je ne dis pas « Sa Grandeur », sa vanité le lui avait rendu particulièrement cuisant.

La propriété d'un certain nombre d'actions d'un grand journal républicain, lui procura, vers la fin de sa vie, une influence assez grande dans le mouvement politique de notre ville. Mais son action s'exerça, même à cette époque, en marge, dans la coulisse.

** **

Tout autre était le bouillant, le pétulant docteur Susini. Il s'occupait plus de politique que de thérapeutique. Son cabinet était tellement encombré par les frères et amis qu'il n'y restait plus de place pour les malades. Mais peu lui importait. Vivant pour une idée, selon moi, pour une chimère, il luttait bravement pour faire triompher le communisme de son maître Blanqui.

Comme lui, il fut très discuté. Des amis, au jugement sûr, qui le connaissaient bien, m'ont toujours affirmé qu'il avait été un convaincu et un honnête homme.

En tout cas, il ne craignait pas les coups. Je vis un jour, un énergumène lui asséner un si violent coup de chaise dans le dos, qu'un homme de moins robuste corpulence en eût été assommé.

C'était au thâtre Valette, aujourd'hui salle Prat. Une réunion politique y rassemblait les personnalités les plus notoires des partis avancés. Tout d'un coup, une phrase d'un orateur inconnu provoque un orage. On s'interpelle d'un bout de la salle à l'autre. La scène est envahie. Susini essaie de s'opposer à l'invasion. Il arrête à lui seul 4 ou 5 des envahisseurs; mais l'un d'eux le tourne et se saisissant d'une chaise, dément cette affirmation de la géométrie, que les lignes parallèles ne se rencontrent jamais. Les bâtons parallèles de la chaise s'étaient rejoints sur le dos du docteur. Le brave Susini resta un instant interloqué, (on l'eût été à moins) mais il se remit vite et se retournant, il reconnut son agresseur aux bâtons brisés qu'il tenait encore à la main. Il le prit au collet, le balança un instant et le rejeta dans la salle, avec une telle vigueur, que l'idée de remonter sur la scène ne lui vint certainement pas.

Susini devait trouver la récompense à une vie fière, mais je le crains bien, accompagnée de quelques privations matérielles, dans une visite que lui fit son maître, le trop fameux Blanqui. Ce fut pour lui une apothéose, une revanche de quelques suspicions injustes. Le tout Marseille des faubourgs, bien autrement ardent que ne le peuvent supposer les gens qui n'ont pas vécu à Marseille pendant les premières années de la République, les ouvriers de Menpenti, d'Endoume et de la Belle-de-Mai se rendirent en foule compacte à la gare Saint-Charles pour recevoir le proscrit de retour. Un cortège interminable, que piquaient des drapeaux rouges, comme des coquelicots dans un champ mouvant, se dirigea vers la rue Chateauredon où habitait le docteur Susini. Il parut à la fenêtre, aux côtés du tribun, il recueillit une part des acclamations qui lui étaient adressées et ce fut, je le répète, sa récompense ultime. J'ignore où il mourut et comment, car il quitta Marseille où la vie matérielle avait été inclémente pour lui.

V

LES NÉGOCIANTS

Les Corses, dans les affaires, étaient beaucoup plus reluisants. MM. Bortoli frères avaient fondé à Marseille, les premiers Grands Bazars. Plus heureux que leur prédécesseur, la « Ville de Paris », vaste établissement qui s'étendait de la rue Grignan à la rue Montgrand, ils avaient parfaitement réussi.

Leur aspect un peu hautain, je serais tenté de dire, d'une froideur britannique, faisait que leurs compatriotes les considéraient peu comme des leurs. La guerre de 1870-71 devait montrer leurs véritables sentiments et l'ardeur de leur patriotisme. Ils vinrent trouver mon père qui n'avait jamais été en relations avec eux ; ils lui manifestèrent la crainte que nos soldats, en campagne, ne fussent pas suffisamment à l'abri des souffrances du froid. Avec lui, ils organisèrent une souscription en tête de laquelle ils s'inscrivirent pour de fortes sommes ; ils firent venir de l'argent d'Egypte, de tous les pays où ils avaient des succursales et, grâce à eux, des vêtements chauds, des chandails, des mitaines, des gants furent mis à la disposition des soldats de passage. Mais un grand chagrin leur était réservé : un wagon plein de ces marchandises et qui avait été expédié aux mobiles de la Corse, en gare d'Orléans, tomba entre les mains des Prussiens lors de leur entrée dans cette ville. Je pus juger de leur désespoir par celui de mon père : le leur n'avait pas été moins grand.

La guerre achevée, ils s'effacèrent très simplement ; quelques rares initiés connurent leur générosité, ils ne leur laissèrent même pas le temps de les remercier.

****

M. Dominique Martinetti était le type parfait de l'homme qui est le fils de ses œuvres. Doué d'une grande intelligence, d'une force de travail peu commune, il occupait un rang important dans le monde des affaires. Négociant, il était un des principaux fournisseurs de notre pays : armateur, l'importante flotille des voiliers corses lui appartenait. Elle joua dans l'histoire locale de Marseille, à l'époque dont je parle, un rôle assez important pour que je lui consacre un chapitre spécial.

M. Martinetti était ami du faste. Il entrait à la Bourse avec un véritable état-major. Les plus hautes sommités marseillaises, qui le voyaient d'un très bon œil, allaient volontiers à sa rencontre, et causaient amicalement avec lui. Ses principaux amis étaient M. Mouttet, le grand minotier, et M. Moulin, autre industriel de grande importance.

Chaque année, il conviait ses intimes à un grand dîner chez Roubion. L'avocat Bartoli en était un des convives habituels. Je me le rappelle déclamant, avec un véritable emballement, l'apostrophe de Triboulet du *Roi s'amuse*, aux seigneurs de la Cour. Ce célibataire aurait eu une fille, qui eût mal tourné, qu'il n'en aurait pas eu plus d'indignation., Martinetti était enthousiasmé !

.*.

Aux côtés de M. Martinetti, se tenait discrètement un homme dont les amis de la maison faisaient le plus grand cas et qui était son bras droit. Je veux parler de M. Joseph Botti, son neveu. Les jaloux, car les gens qui réussissent en ont toujours, prétendaient que la prospérité de la maison était l'œuvre du neveu plutôt que de l'oncle. Je crois qu'ils exagéraient : le mérite incontesté de M. Botti n'a aucun besoin, pour être rehaussé, d'une comparaison, désavantageuse pour l'homme dont il a tenu à continuer le nom.

Mort, Martinetti fut transféré, suivant son désir, dans sa ville natale. Par une averse effroyable, le corbillard des fortunés de la terre, à dôme, quatre chevaux caparaçonnés, transporta sa dépouille au bateau qui devait l'emmener dans l'opulente chapelle, devant laquelle je ne manque jamais de m'incliner quand je vais à Ajaccio, en ami fidèle de ce grand travailleur, de ce parfait honnête homme.

. ₊ * ₊

Son souvenir évoque, en ma mémoire, celui d'un de ses employés les plus fidèles, Pascal Peri, qui, pendant les jours agités de 1870, faisait près de lui fonction de garde du corps. Peri était un gaillard superbe, aussi bon que vif; toujours prêt à la bataille, et d'un aspect qui laissait deviner son caractère. Une mission de confiance l'envoya dans la brousse, pour le compte d'une maison de notre ville, qui avait demandé à M. Martinetti le concours d'un homme sûr. Le pauvre Péri ne devait pas en revenir. On ne sut jamais ce qu'il était devenu. Il laissait une femme, jeune encore, qui, pendant de longues années, a vendu, au marché des Capucins, les merles et autres victuailles chères aux gourmets corses.

₊ * ₊

Parmi nos compatriotes, en dehors bien entendu de sa famille, le commensal le plus habituel de M. Martinetti était certainement Sauveur Santamaria. Ce brave Sauveur était un Brummel marseillais. Ses vêtements étaient toujours l'œuvre d'un grand tailleur ; des bottines vernies reflétaient son élégance raffinée et il eût été l'homme le plus heureux du monde s'il n'avait constamment cru être gravement malade. Nous le plaisantions beaucoup à cause de sa mine florissante qui paraissait donner un démenti à ses plaintes continuelles, mais sans doute avait-il plus raison que nous ne le supposions, car, malgré tous les soins d'une femme dévouée, il mourut jeune. Son caractère était affectueux et bon ; lui aussi, était fils de ses œuvres, mais, moins heureux que Martinetti, il n'arriva pas à la grande fortune.

Il était le frère du bon poète Santamaria, le Joseph Méry ajaccien ; le frère aussi du fidèle chroniqueur de la vie ajaccienne, par qui j'ai eu tant de plaisir à entendre évoquer ses souvenirs sur la ville natale de Napoléon.

Dans ses bureaux, travaillaient deux jeunes gens dont l'un, blond et fluet, devait réaliser ce que son patron n'avait fait qu'entrevoir: la grande réussite dans les affaires. Retiré depuis déjà quelques années, il fut un des adjoints sur qui reposa le plus lourdement le poids de l'administration municipale, je parle de notre ami M. Clément Rossi.

L'autre était M. Pierre Orsoni à qui un labeur opiniâtre a fait une juste réputation d'honorabilité.

**

Par suite de quelle inexplicable omission, le nom de M. Grandval n'a-t-il pas été mentionné au début de ces souvenirs, parmi ceux des Corses les plus notoires de Marseille, en 1870 ? Je ne peux que m'en excuser, car M. Grandval resta, toute sa vie, passionnément ajaccien, et je le savais, depuis mon enfance !

Ce Corse corçisant était d'origine Dauphinoise. Son grand-père Cugnac de Grandval de Vaulx, conseiller du roi, était seigneur de Thuelin et de Vesselin, en Dauphiné.

C'est avec son père Gaspard Paul, que la famille Grandval se fixa en Corse. Après avoir été médecin dans les armées royales, Gaspard Paul fit toutes les campagnes de la Révolution et de l'Empire. Nommé chirurgien en chef de l'Hôpital d'Ajaccio, il s'établit dans cette ville et s'y maria avec Mademoiselle Marie Nicoletta Susini. Il mourût à Sartène en 1816.

Joseph Grandval naquit donc à Ajaccio d'une mère corse le 20 nivose an VII. Il fut tenu sur les fonds batismaux par le futur cardinal Fesch et par sa sœur Lœtitia, elle-même. Les Grandval avaient les relations de famille les plus amicales avec les Bonaparte.

Ses libéralités pour sa ville natale ne peuvent être comparées qu'à celles du cardinal Fesch. Il créa, pourrait-on dire, de ses deniers personnels, l'hôpital Sainte-Eugénie ; ses dépenses, pour Ajaccio, atteignirent, en une dizaine de mois, 300.000 francs. Chaque année, à l'époque où le service militaire durait 7 ans, il payait dés remplaçants à vingt soutiens de famille. Les aveugles indigents recevaient des secours viagers. Et toutes ces libéralités se faisaient discrètement, des mains de son ami d'enfance, le vieux maire Braccini.

J'ai connu ce vieillard vénérable. D'avoir vécu à Rome, dans le palais de Madame Mère, il conservait quelque chose d'émouvant et d'évocateur. Son accueil était aimable, son abord des plus faciles. C'est sur la terrasse du café du *Roi Jérôme* que j'eus d'honneur de lui être présenté. En l'écoutant, il me semblait entendre comme un écho de la voix de Celle que Champollion a appelé « Mater Regum ».

De son vivant, il garda le secret qu'il avait promis à son ami Grandval. Sur son lit de mort, il tint à faire savoir de qui émanaient toutes les largesses dont il avait été le fidèle dispensateur. Ajaccio, reconnaissante, donna à son plus beau boulevard, le nom de son bienfaiteur. Elle pouvait être fière de lui à bien d'autres titres.

Grandval créa à Marseille, la grande Raffinerie. Chimiste distingué, il était aussi un inventeur heureux. Mais, quand une invention eût pu tripler ou quadrupler sa fortune, il se refusait à la faire breveter et en informait aussitôt ses concurrents. Par là, Grandval s'apparentait bien à notre Ile, où le veau d'or, de son temps au moins n'avait pas encore d'autel !

Un amour si fidèle du pays où il était né et où il s'était marié (M. Joseph Grandval avait épousé Mlle Césarine Marchi), ne pouvait s'éteindre avec lui. Souvent, je parle de la Corse avec mon excellent confrère et ami, Alphonse Grandval. Ce fut avec un plaisir sans étonnement, que je rencontrais dans la forêt de Vizzavona, M. et Mme Gouin Grandval, accompagnés de leurs enfants. Le souvenir de leur grand'père les animait; ils aimaient à montrer qu'ils se sentaient chez eux, en Corse.

* * *

Je m'en voudrais de ne pas mentionner, bien qu'il se soit constamment tenu à l'écart du mouvement corse, M. Donzella, dont le frère était un des habitués du magasin de mon père. Son frère Roch Donzella, joignait, comme il convient, un culte ardent pour Marseille au souvenir du pays de sa famille.

Son nom est inscrit sur le monument élevé dans notre ville, aux Mobiles des Bouches-du-Rhône.

VI

LES MILITAIRES

J'ai dit que les Corses de Marseille, pendant les premières années de la République, étaient en immense majorité bonapartistes. Raconter leur histoire est écrire celle du parti de l'Empire dans notre ville. Ce parti était nombreux, organisé et décidé. De hautes notabilités marseillaises en étaient les chefs; les Corses en étaient les soldats. Un nouveau retour de l'Ile d'Elbe les eût trouvés prêts.

Puisque un demi-siècle nous sépare de cette époque, je vais pouvoir, sans inconvénient, donner des renseignements, même des précisions, qui prouveront que l'espoir d'une restauration impériale était moins chimérique que d'aucuns seraient tentés de le croire.

Les cadres de certains régiments étaient encore bonapartistes. Dans le... bataillon de chasseurs à pied, les enfants de troupe recevaient comme récompense, lorsqu'ils s'étaient bien conduits, un portrait du Prince Impérial. Le sergent Leroy, qui était leur instructeur, s'en approvisionnait chez mes parents.

Ce portrait du Prince Impérial, 75 gendarmes, sur 80 qui étaient en résidence à Marseille, l'avaient placé au-dessus de leurs lits ! Un général inspecteur visita un jour leurs chambrées, il ne fit aucune observation, tant qu'il n'eut pas terminé sa tournée; mais une fois dans la cour, il leur dit : « Mes enfants, ôtez de vos chambres les portraits que j'y ai vus. Cachez-les comme vos pères de la Grande Armée cachaient dans leurs sacs et dans leurs gibernes, la cocarde tricolore ; et, quand le moment sera venu, votre vieux général sera le premier à vous donner l'exemple du courage et de la fidélité ! » Ces paroles m'ayant été répétées, non par un, mais par quinze ou vingt gendarmes, je les tiens pour parfaitement authentiques.

* * *

Lors de la majorité constitutionnelle du Prince j'ai assisté à une scène digne de la Restauration. Je fus chargé de porter à un certain nombre d'officiers du ... régiment de ligne, les réponses aux félicitations et protestations de fidélité qu'ils avaient adressées à Chislehurst.

Ces officiers avaient leur mess ou prenaient leurs repas au kiosque de la colline Bonaparte. Cet édifice, alors élégant, fut plus tard transporté à la rue Paradis, et est aujourd'hui la maison délabrée qui dépare l'extrémité de notre grande artère urbaine. Je demandais au hasard un de ces officiers. Quand il eut décacheté sa lettre, cet officier, rouge de joie, me prit par la main, m'entraîna dans la salle à manger où étaient ses camarades et s'écria : « Messieurs, des lettres du Petit Prince ! » A ces mots, deux ou trois officiers, sur une vingtaine, prirent leurs képis et se retirèrent en hâte. Les autres m'entourèrent pour avoir les réponses qui leur étaient destinées. Ils les dévorèrent des yeux plus qu'ils ne les lurent et m'offrirent du champagne. Je levai mon verre à « l'exilé ». Eux crièrent : « Vive l'Empereur ! » comme de vrais demi-soldes.

* * *

A Tarascon, le régiment de dragons avait pour colonel, un ami personnel des Bonapartes, le baron Mariani. Chaque fois qu'il venait à Marseille, le chef, ou sous-chef de gare de cette ville, nous racontait les manifestations auxquelles se livraient les officiers de ce régiment. Il en était enthousiasmé, car il partageait leurs opinions. Ce brave homme, bien que Corse, s'appelait Picard.

Cette influence du chef sur les opinions de ses subordonnés, avait à Marseille, un pendant assez amusant. Pendant que M. Rivoire était président du Tribunal de Commerce, tous les syndics de faillite étaient bonapartistes.

Les dragons de Tarascon vont m'entraîner à une deuxième digression, que mes lecteurs me pardonneront, car elle leur rappellera un homme qu'ils ont tous connu et aimé, le bon commandant Terrazzoni.

C'était jour de courses au Parc Borély. Un military figurait au programme : artilleurs, dragons, chasseurs à cheval. Pendant la course, j'étais à côté d'un groupe d'officiers de dragons, qui en suivaient anxieusement les péripéties, quand, tout d'un coup, je les entendis s'écrier : « Terrazzoni, bravo Terrazzoni ! » C'était un des leurs, en effet, qui arrivait en tête, notre compatriote, le lieutenant Terrazzoni. Le colonel Mariani se porta vivement à sa rencontre, et selon la mode anglaise, il ramena lui-même au pesage, en le tenant par la bride, le cheval du vainqueur.

Presque en même temps, la baronne Mariani descendait de la Tribune, au bras d'un officier supérieur du régiment de son mari, et allait porter des fleurs au lieutenant Terrazzoni. Je remplissais toujours de joie notre compatriote, en lui rappelant ce brillant souvenir de sa carrière d'officier.

****

Plus que tous ces indices, le procès Bressy fut révélateur de l'état d'âme des militaires.

Bressy était cet intendant militaire, qui, au 4 Septembre, fit cause commune avec l'émeute, et accepta du nouveau régime, ou de ceux qui le représentaient à Marseille, les fonctions de général. Il s'installa même, dans le cabinet du commandant de la division, sous l'Empire, et en remplit les fonctions, pendant quelques jours.

Quand les choses furent remises dans l'ordre, une telle usurpation de fonctions devait être réprimée, elle le fut ; et le sous-intendant Bressy comparut devant le Conseil de guerre.

Ce conseil fut présidé par le général de division Lapasset, celui-là même, qui, simple brigadier, invité par Bazaine à rendre ses drapeaux, fit la fameuse réponse : « La brigade Lapasset ne confie à personne le soin de brûler ses drapeaux ! » Quatre généraux de brigade et deux colonels le composaient avec lui.

On devine ce que purent être les débats ! Les républicains se rendaient parfaitement compte, qu'en réalité c'était la révolution, elle-même, qui allait être jugée, en la personne de Bressy.

Qu'en temps normal, en effet, la promotion d'un intendant au grade de général fut une violation intolérable des lois et réglements, c'était l'évidence même, mais après le renversement d'un régime, discuter un des actes d'autorité de la révolution c'était discuter la révolution elle-même; les partis avancés le ressentirent très bien, aussi l'animation était-elle grande autour du Palais de Justice, où avaient lieu les débats.

Pour maintenir l'ordre, de sérieuses précautions militaires avaient été prises. Un bataillon de chasseurs à pied, campait sur la place Monthyon; les pas perdus et les corridors étaient gardés par une compagnie au complet; dans la salle, au lieu du piquet traditionnel, tout le long des murs et se serrant les coudes, étaient des soldats en armes.

Au cours des débats, le nom de l'Empereur fut plusieurs fois prononcé. Chaque fois, les généraux tout en restant assis, rectifiaient leur position et paraissaient obéir au commandement : « Fixe ».

Deux incidents occasionnèrent la plus vive émotion ; ils se produisirent après les dépositions du commandant T... commandant de place, et après celle de M. Labadié.

Je les donne pour authentiques, les ayant entendu raconter au Palais de Justice même, comme ils venaient d'avoir lieu. A différentes reprises d'ailleurs, ils m'ont été confirmés, avec force détails, par mon patron M° Stamaty, qui avait assisté aux débats.

Le commandant de place, achevait de raconter l'invasion de son cabinet, et comment il avait dû résigner ses fonctions, entre les mains de celui qui paraissait le chef des émeutiers, quand le Président lui demanda à brûle pourpoint: « Commandant T... aviez-vous votre épée au côté, quand cet individu s'est installé, dans votre bureau ? « Le pauvre officier, croyant qu'il s'agissait, dans la pensée du Président, d'une question de tenue, répondit vivement : « Mais certainement, mon général, il était ... heures de l'après-midi, j'avais donc mon épée au côté. » — « Vous aviez votre épée au côté, et vous ne la lui avez pas passée dans le ventre ! Commandant T... vous êtes un lâche ; allez vous asseoir ! ».

Quand vint le tour de M. Labadié, il fut facile de comprendre à la modération et au calme que s'imposait, visiblement avec peine, le Président, que des instructions formelles lui avaient été données, pour qu'il ménageât le témoin. Il avait les bras allongés sur la table, comme le chat allonge les pattes, quand il va sauter sur une souris, et ne quittait pas des yeux M. Labadié.

La déposition terminée, le général estima qu'il avait suffisamment obéi aux recommandations, qui lui avaient été faites et prenant un temps, très calme en apparence, il lui dit : « On « m'a affirmé, Monsieur, que vous êtes un homme « honorable; (Monsieur Labadié s'incline), je ne « le mettrai pas en doute. On m'a dit aussi que, « par profession, vous vendez du drap. (Monsieur « Labadié s'incline encore). Eh bien je tiens à « vous dire et c'est aussi l'opinion de mes cama- « rades du Conseil, que le 4 Septembre, vous « eussiez mieux fait de vendre du drap. Allez « vous asseoir ».

M. Labadié dut certainement avoir envie de répliquer. Mais l'invitation d'aller s'asseoir avait été tellement impérieuse, le brouhaha produit dans la salle tellement intense, qu'il n'en eut pas le loisir.

Les débats se poursuivirent dans cette atmosphère. M⁰ Aicard plaida pour l'accusé avec un talent qui émut les juges, sans modifier leur verdict.

Quand il rappela la phrase des drapeaux, que j'ai déjà citée, le Président lui fit signe de se taire, tant l'émotion l'étreignait ; mais le grand avocat ne s'arrêta pas là. Il suscita l'enthousiasme dans un récit, dont le côté rabelaisien disparut dans le sublime.

Lapasset était captif en Allemagne, quand y survint la nouvelle de la capitulation de Paris. Avec ce manque de tact, qui caractérise leur race, ses gardes osèrent placer des lampions sur ses propres fenêtres. « Vite, cria le général à son aide de camp, vidons sur ces lampions l'eau de nos brocs ». Le coup avait été prévu, le général et son aide de camp ne trouvèrent pas une goutte d'eau dans leurs cabinets de toilette. °Les Prussiens n'avaient pas songé à l'eau, ou aux liquides déjà bus..... et avec cette eau ou ces liquides, le général et son aide de camp éteignirent les lampions ! Qui n'a pas entendu M° Aicard clamer cet épisode, ne sait pas jusqu'où peut aller l'éloquence !.....

J'ai entendu la lecture du jugement. A toutes les questions posées par le conseil, le général répondait d'une voix vibrante : « A l'unanimité, oui ! » Pas de circonstances atténuantes. « A l'unanimité le Conseil condamne l'accusé Bressy, à la peine de mort ! »

Les clubs et les loges avaient annoncé une émeute en cas de condamnation; des menaces avaient même été proférées. Avec quelle crânerie les généraux les affrontèrent, je me le rappelle, avec fierté, pour l'armée Française.

Au lieu de partir, individuellement, comme aux audiences précédentes, Lapasset et les autres généraux, la main sur la garde de l'épée, descendirent majestueusement le haut perron du Palais de Justice; ils passèrent devant le front des troupes, les clairons sonnant, et ne se séparèrent que sur le Cours Bonaparte, la revue terminée.

VII

LA MESSE POUR NAPOLÉON III

Toutes ces énergies étaient restées à l'état latent jusqu'à la mort de Napoléon III. Le flot de calomnies répandues sur lui, la responsabilité de la guerre qu'on lui attribuait, et dont les ministres de la République sont les premiers à le disculper aujourd'hui, la veulerie de certains hommes avaient plongé le parti impérialiste dans un véritable état de léthargie. L'avènement du Prince Impérial fit renaître tous les espoirs.

La première manifestation bonapartiste qui eut lieu à Marseille, après le 4 Septembre, fut le service solennel, célébré à la cathédrale Saint-Martin, pour le repos de l'âme de Napoléon III.

Sans convocation, spontanément, des hommes appartenant aux conditions sociales les plus variées, se groupèrent pour former un comité d'organisation. Des listes furent dressées de toutes les personnes que l'on savait avoir conservé des sympathies pour l'Empire. Des jeunes gens écrivaient les noms sous la dictée de leurs aînés. J'étais de ces jeunes gens; notre chef, plus âgé que nous, s'appelait Eugène Rostand. Il devait un jour, faire partie de l'Institut. Son fils, le futur chantre de l'Aiglon, était encore un petit enfant.

***

Cette messe, fut, par la force des choses, et en dépit de la piété des assistants une manifestation politique importante.

Annoncée par la voie de la Presse, elle provoqua un vif étonnement chez les adversaires de l'Empire : « Nous irons compter Messieurs les Bonapartistes »; écrivait le journal *L'Egalité*. Aussi le mot d'ordre fut-il vite donné. Pour faciliter la tâche des pointeurs, il fut convenu que tous les assistants porteraient à la boutonnière un bouquet de violettes. En outre, on propageait de bouche en bouche, les avis qu'on n'osait pas imprimer : des bruits charitables nous prévenaient de la correction qui châtierait notre audace..... Quelques précautions durent donc être prises en vue d'une contre manifestation; elles suffirent à l'empêcher.

Par bonne fortune, deux des lutteurs les plus fameux de l'époque, Creste, le Rempart de la Joliette et Fanton, le boucher, étaient de chauds bonapartistes. Ils demandèrent à se tenir à la porte de l'église, ce qui leur fut accordé volontiers. Leur haute stature, appuyée sur les deux piliers de la porte de la Cathédrale, aujourd'hui démolie, leur donnait l'air de cariatides vivantes. Puget eût volontiers sculpté leur imposante académie. Au delà et en deçà du seuil de l'église, de très nombreux douaniers Corses, plus armés qu'ils ne le paraissaient, attendaient les contre manifestants. J'ai connu des gens à qui il suffisait de prendre un parapluie pour qu'il ne plût pas. Les organisateurs du service funèbre pouvaient se vanter d'être dans le même cas ; les parapluies « Creste, Fanton et douaniers corses », avaient empêché de tomber la grêle de coups qu'on nous avait annoncés.

La foule des assistants dépassa toutes les prévisions. Je n'exagèrerai pas en disant que plus de 1.500 personnes ne purent trouver place dans l'église. Toutes les notabilités de l'Empire avaient tenu à honneur d'assister au service avec leurs familles. De jeunes commissaires conduisaient avec fierté les personnages notoires, aux places qui leur avaient été réservées. Les femmes les plus élégantes de la société marseillaise arboraient fièrement le bouquet de violettes à leur corsage : Mesdames Fanjoux, Honoré et Louis Arnavon, Bournat, Warrain, Long, Gravier, Hesse, Raybaud, Chataud, Frisch, Jules Charles-Roux, Eugène Rostand, Segond de Leuglay, Delanglade, et une dame juive qui fut une fervente de toutes nos messes, Mme Gonzalès, la mère du bon sculpteur de ce nom, etc., etc. Il serait impossible de les citer toutes ; le *Petit Marseillais* évaluait leur nombre à plus de trois cents.

Au milieu de la nef principale, un catafalque monumental s'ornait de tous les attributs de la souveraineté. Sur un drap tricolore, frangé d'or, la couronne, le sceptre et l'épée se détachaient, comme une protestation, contre la déchéance du Souverain.

La messe fut écoutée avec un recueillement émotionnant. Les fidèles, qui n'avaient pu entrer, attendaient la fin de la cérémonie, sur la place Saint Martin et aux alentours.

A la sortie, quand parurent les anciens maires de Marseille, entourés de leurs adjoints, et, avec aux, l'ingénieur Ferrier, le dernier capitaine des sapeurs pompiers sous l'Empire, une manifestation de respect et d'affection se produisit spontanément. Toute les têtes se découvrirent, les spectateurs se précipitèrent sur leur passage. L'encombrement devint tel que M. Théodore Bernex ne put monter en voiture que sur le cours Belsunce. Crâneur comme un mousquetaire, M. Lagarde tint à aller à pied jusqu'au magasin de mon père. Une foule de nos amis le suivait. Sur leur passage, les boutiquiers accouraient sur le seuil de leurs portes, pour voir passer ce cortège inattendu : « Qu'est-ce que c'est ? Qu'est-ce qu'il y a ? » demanda l'un d'entre eux. Un grand diable, nommé Ortoli, lui répondit, en se découvrant : « Saluez, c'est le maire de la rue Impériale qui passe ! »

Par cette parole, que le recul du temps fait paraître plus grande, cet Ortoli, ce Corse obscur, avait payé un acompte sur la dette de Marseille, car Marseille n'a pas payé sa dette ! Marseille semble ignorer ce qu'ont fait pour elle les grands édiles, que furent ses maires sous le second Empire, Ils lui ont donné, pour sa parure maritime, trois joyaux que l'étranger aperçoit de loin en arrivant : Dans la masse opulente de ses marbres., la Cathédrale annonce sa richesse et sa splendeur. Dans son élégance gracieuse, le Château

Impérial, alourdi aujourd'hui, par une surélévation inesthétique était comme un sourire à l'entrée du port. Du haut de sa tour élancée montant vers le ciel, comme une prière, la statue dorée de la Vierge de la Garde, montre, à la ville et à la mer, les bras tendus de l'Enfant qui bénit.

Pour les commerçants qu'abritait mal la baraque en bois de la place Royale, ils ont fait construire le palais de la Bourse, dont les soirs d'illumination mettent en valeur les bas reliefs, qu'un pur souci d'art a mis jusque sous ses plus hautes colonnes. Faut-il rendre hommage aux présidents de la Chambre de Commerce plutôt qu'aux maires? Qu'importe, c'était le même régime, c'était les mêmes hommes.

Aux savants et aux travailleurs, à l'étroit dans les salles d'un couvent confisqué, souffler n'est pas jouer, ils dédièrent la nouvelle bibliothèque, dont la salle d'honneur abritait naguère la dépouille d'Edmond Rostand.

Chef-d'œuvre de l'architecture moderne, le 15 août 1869, jour de la fête de l'Empereur, M. Bernex inaugurait le Palais de Longchamp, qui suffirait à la gloire d'un grand siècle.

L'Etat et le département, pendant ce temps, faisaient construire la Préfecture, palais Pitti moderne, dont la décoration d'une rare hardiesse a été saccagée. Un aigle géant semblait emporter le dôme dans son vol. Sous ses ailes, une statue équestre de Napoléon III, lauré, sceptre en main, la pourpre traînant sur le cheval, donnait un cachet vraiment impérial à tout le monument. De petits architectes ont taillé dans le corps de l'aigle trois petits écussons; ils ont troué le mur, qui soutenait la statue équestre, et comme il fallait faire quelque chose pour le nouveau régime, ils ont érigé à sa gloire l'hôtel des Postes de la rue Colbert ! L'Empire était vengé !

VIII

LES BATEAUX CHARBONNIERS

La manifestation devait se prolonger toute la journée au quai Saint-Jean. Les marins des voiliers corses, qui y sont amarrés, avaient une revanche à prendre.

Dans les premiers mois de 1870, avant la guerre, par conséquent, une rixe avait éclaté entre quelques jeunes marins corses et des « joyeux » en bordée, aidés par les souteneurs du quartier. Ceux-ci en voulaient aux patrons des bateaux, qui, à cette époque, essayaient, énergiquement, de réagir contre le danger moral énorme, qu'était, pour leurs novices, le voisinage du quartier réservé. On ne s'imagine pas, en effet, me disait un courtier maritime de la place, le résultat déplorable qu'a eu ce voisinage sur l'avenir de jeunes Corses, de sang généreux, mais de caractère trop faible, qui seraient restés honnêtes ,dans tout autre quartier, et qui se sont perdus dans celui-là.

Le coup avait dû être prémédité et préparé longtemps à l'avance, car, en moins de temps qu'il n'en eût fallu, s'il n'y avait eu entente préalable, des centaines de chenapans se trouvèrent réunis. Soldats des bataillons d'Afrique, souteneurs du Coin-de-Reboul, et nervis de toute espèce, tombaient sur nos matelots et les poursuivaient jusque sur l'un des deux charbonniers, car ils n'étaient que deux, dans le port, ce jour-là !

Malgré le concours apporté par l'équipage du voilier voisin, tout fut saccagé et pillé à bord, des matelots furent à moitié assommés... Les nervis, à raison de 100 contre 1, avaient triomphé fatalement.

****

Cet outrage avait ulcéré profondément l'âme des marins corses. Le 4 septembre retarda et empêcha la revanche, telle qu'ils la rêvaient. La mort de Napoléon III leur permit, au moins, une revanche morale.

C'est qu'elle était presque au complet, dans le port de Marseille, le jour de la messe de deuil, la flotille de M. Martinetti : l'*Antoine*, l'*Aude*, le *Valenciano*, l'*Elisa*, le *Dominique*, l'*Annonciation*, le *Michel* et *Angéline*, etc., etc.

Tous de grand matin, arborèrent le pavois de deuil. En berne, le drapeau national et le drapeau à la tête de Maure ! Sur le pont, les équipages, renforcés, regardaient dans une attitude qui, je le reconnais, était légèrement provocatrice, les curieux qui, en groupes compacts, se massaient à quelque distance.

Leur fière attitude, le respect qu'inspire toujours la fidélité au malheur, suffirent sans aucun doute à ne pas leur donner ce jour-là, l'occasion d'une revanche matérielle. Nous ne pouvons que nous en féliciter.

****

Comment parler de ces braves marins sans rappeler le souvenir des navigateurs consommés qu'étaient leurs capitaines ? Ils honoraient la marine française. Tous avaient de beaux états de services. Parmi eux, je me rappelle les frères Ucciani et Appietto, puis MM. Péri, Bastiani, Santandréa, Valzi, Drimaracci ; j'en oublie certainement et m'en excuse. Mais il en est un dont j'ai gardé un souvenir particulier. Nous l'avions surnommé « l'Amiral » tant il avait d'autorité morale sur les autres capitaines, sur les équipages et même sur l'ensemble de nos compatriotes ; je parle du capitaine François Ucciani.

Il avait une superbe tête de marin. La lèvre supérieure rasée, la barbe en collier lui donnaient le cachet, qui tend malheureusement à se perdre, de l'ancienne marine. J'ai connu, plus tard, un grand marin à qui il ressemblait d'une façon surprenante, l'amiral Galibert. Sa physionomie était caractéristique d'intelligence et d'énergie. Avec lui, on serait allé au bout du monde. Ses marins l'adoraient. Son armateur, M. Martinetti, avait en lui, la confiance la plus absolue.

****

Le capitaine Gabella n'appartenait pas à la flotille de Monsieur Martinetti. Il était un des propriétaires du bateau qu'il commandait. Un souvenir relatif au 4 Septembre le rattache à ces incidents.

Vigoureux, et volontiers batailleur, il connaissait le charpentier de marine qui passait pour avoir décapité la statue de Napoléon III, à la Bourse. Il se serait cru déshonoré s'il avait fait un seul voyage à Marseille, sans aller l'injurier et le provoquer. Mais l'iconoclaste n'avait de courage que contre les objets inanimés. La jaunisse lui venait, quand il apercevait Gabella et jamais il ne releva ni ses injures ni ses menaces... Gabella n'en décolèrait pas.

****

Dans les grades inférieurs, un maître d'équipage se détachait, en un beau relief, autant que le capitaine Ucciani lui-même. C'était le bon ami de mon enfance, Dominique Appieto. Quel modèle pour un peintre de marine ou de marins ! Il portait, lui, les favoris en brosse, avec la lèvre et le menton rasés. Son teint bronzé, ses traits énergiques en faisaient le type du vrai loup de mer. Ses récits étaient épiques. Une véritable émotion étreignait ses auditeurs quand il racontait les hourras des Anglais, voyant le *Napoléon* remorquant la *Gloire*, passer devant leur flotte impuissante et pénétrer dans les Dardanelles ! Son évocation de la rade de Cherbourg, lors de la visite de la reine d'Angleterre, était également palpitante d'intérêt : « Notre vaisseau amiral était sur le point d'être dépassé par l'amiral anglais. L'Empereur fit appeler le commandant et lui ordonna d'augmenter la vitesse : — Sire, impossible de l'augmenter, sans risquer un accident et Votre Majesté est à bord. — « Faites comme si je n'y étais pas », répondit l'Empereur. Aucun accident ne se produisit et le vaisseau français arriva le premier ! « Mais si un accident s'était produit, lui dis-je un jour, qu'auriez-vous fait, vous les matelots ? » Dominique me répondit simplement : « Nous aurions crié : Vive l'Empereur ! »

IX

LE CERCLE GAULOIS

Le succès de la première réunion des bonapartistes leur inspira le désir de se retrouver ensemble, et même de se rencontrer journellement. Parmi nos compatriotes, nombreux étaient les retraités ; parmi les continentaux, nombreux les petits rentiers, qui avaient gagné sous l'Empire, leur petite fortune et qui en étaient restés reconnaissants au régime, sous lequel ils l'avaient amassée. Des conciliabules eurent lieu. M. Lagarde fût pressenti. Il accepta d'être le président du cercle en formation. Des listes de souscription circulèrent dans la société : elles amenèrent les premiers lâchages ! Certains personnages refusèrent, d'autres souscrivirent anonymement. Je reçus, un jour, du trésorier, M. Gros, une quittance à mon nom de 50 francs. Mon émoi fut grand ! Je crus à une invite et l'adolescent que j'étais n'aurait pas pu lui faire bon accueil, quand j'appris que mon nom cachait celui de M. Rivoire, président du Tribunal de Commerce ! Lorsque la liste avait

été présentée à ce magistrat, il avait répondu :
« Ne mettez pas mon nom » — « Faut-il écrire
« un anonyme » ? — « Non, on pourrait chercher ;
mettez le nom de ce jeune homme que j'ai vu chez
Bournat. » Voilà comment j'ai passé pour avoir
vidé une cache-maille, que je n'avais pas, au profit
du Cercle bonapartiste !

Malgré tout, les souscriptions permirent la
création, à la rue Noailles, d'un cercle confortable,
presque opulent. Le rez-de-chaussée et le premier
étaient occupés par la Maison Dorée, dont le
patron, M. Peyrard, nous était tout acquis. Il fut
notre limonadier.

Mobilier et matériel furent fournis par Monsieur Morlot, le père des sympathiques orfèvres
de la rue Saint-Ferréol, qui l'installa du vesti-
bule au dernier salon.

Pour ne pas effaroucher les autorités, le
nouveau cercle prit le nom, sans caractère politique, de « Cercle Gaulois ». M. Lagarde, chef et
porte-drapeau du parti de l'Empire donna sa
démission et présenta comme président le capitaine
Campi, de l'infanterie de marine, officier de la
Légion d'honneur. Comme vice-présidents, l'Assemblée générale, toujours sur sa proposition, acclama
M. Léon Double, pour représenter la haute bourgeoisie marseillaise et mon père, les Corses,
l'élément populaire du parti.

Une de nos premières soirées fut organisée pour
le passage à Marseille de la délégation, chargée
de représenter la ville d'Ajaccio aux fêtes de la
majorité constitutionnelle du Prince Impérial. Elle
était présidée par M. Fil, maire ou ancien maire

de la ville, le père du transitaire de la rue de la République, si estimé de tous nos compatriotes. Avec lui, MM. Mathieu Grossetti, conservateur de la Maison Bonaparte, le poète François Santamaria, André de Bacciocchi, Etienne Pugliesi et le capitaine Pianelli. La délégation marseillaise prit contact avec elle ce soir-là. Elle était composée de M. Louis Lagarde, président ; de MM. Léon Double, Bec, propriétaire, Arnavon, le grand savonnier et Combe, avocat, chef de contentieux au comptoir d'Escompte. Les deux délégations partirent ensemble pour Londres le lendemain.

Plus belle encore fut la fête que le Cercle organisa le soir même du 16 mars. Au milieu du concert, un garçon vint m'aviser qu'un Monsieur, étranger au cercle, désirait être reçu. J'allai à sa rencontre dans le salon d'attente et me trouvai en présence d'un gentleman de la plus grande élégance, jeune encore, blond, et s'exprimant avec un accent parisien des plus prononcés. C'était le comte Pastré. Il venait communiquer au Cercle, une dépêche ainsi conçue : « Huit mille Français « venus de France, acclament le Prince Impérial, « qui, dans allocution frénétiquement applaudie, « revendique les droits populaires. « Tout pour le « peuple et par le peuple ! ». Sur ma demande, il lut lui-même la dépêche aux applaudissements enthousiastes de l'assistance. Son accent parisien me revint en mémoire, quand, quelques années plus tard, je lisais dans un ouvrage sur Méry, ce récit écrit par le poète lui-même, d'une visite qu'il fit à la Marseillaise Désirée Clary, reine de Suède. Sa Majesté lui demanda des nouvelles de ses connaissances de Marseille, et tout d'un coup avec le plus pur accent du terroir, lui dit : « E aquelo boueno madamo Pastré, coumo va ? » M. le comte Pastré n'aurait sûrement· pas été capable d'en faire autant.

* * *

Quelques jours après cette fête, le Cercle Gaulois reçut la visite de M. Bournat, venu apporter les remerciements du Prince. Il fut reçu par le capitaine Campi, président, qui lui souhaita la bienvenue. M. Bournat, après un court exposé politique, félicita le capitaine, qui. après sa mise à la retraite, au lieu de goûter un repos, auquel lui donnait droit sa carrière militaire, toute de campagnes et de guerres, avait voulu lutter encore sur le terrain politique. Faisant, à ce propos, l'éloge du caractère corse, il adressa à notre Président, la phrase du général Chargarnier à M. Charles Abbatucci, lors de sa démission de député au profit de M. Rouher : « Vous êtes un brave homme »

Cette visite fût, en quelque sorte, la consécration du Cercle. En effet, M. Bournat, et quelques autres s'étaient tenus à l'écart de sa fondation ; ils n'avaient pas cru à sa vitalité ! Trop loyaux pour nier son succès, ils venaient y applaudir.

La personnalité de M. Bournat était au premier plan de la vie marseillaise. Député officiel sous l'Empire et conseiller général, il fut réélu conseiller général, sous la République. Très considéré dans le grand monde marseillais, il était président du Cercle des Phocéens, alors à l'apogée de sa prospérité.

Ma sympathie et mon respect ne sauraient m'empêcher de constater qu'il appartenait à cette fraction des dirigeants du Parti impérialiste, que j'appellerai « les parlementaires » ! A leur tête, était M. Rouher. Férus de légalité, ils donnaient dans la chimère de « l'Appel au Peuple ». Méconnaissant entièrement la mentalité des Républicains de 1870, ils les croyaient capables d'interroger le pays, en le laissant libre, comme en 1848 ! Les lois déjà votées, celles qu'il était facile de prévoir, auraient dû les détromper. Rien n'y fit ; le Parti impérialiste s'est enlisé dans les revendications plébiscitaires. Il y a laissé sa force et sa vitalité.

· L'autre école, la moins nombreuse en haut lieu, avait, à sa tête, Paul de Cassagnac. Elle ne fut pas écoutée.

Les bonapartistes marseillais, surtout les Corses, appartenaient à cette école; et avec eux, leur chef incontesté, M. Louis Lagarde, l'ancien maire de Marseille. De lui, plus que tout autre, on pouvait dire ce que mon ami Paul Rigaud, le bâtonnier d'Aix, disait sur la tombe de M. Octave Moreau : « Les hommes du Second Empire avaient la main ferme et le cœur chaud ».

∗
∗ ∗

Ne pouvant employer leur activité à de grandes choses, les membres du Cercle Gaulois recherchaient toutes les occasions d'affirmer leur opinion politique. Une des dernières eut pour théâtre, c'est le cas de le dire, la salle Valette, aujourd'hui salle Prat.

Des pièces militaires, à grand spectacle, y étaient représentées. Après « Marceau ou les Enfants de la République », les affiches annoncèrent « Masséna ou l'Enfant de la Victoire ! » L'Empire après la République.

La pièce devait d'autant plus attirer leur attention, qu'un des rôles principaux, celui de Napoléon, avait été attribué au fils d'un des membres du Cercle, les plus assidus, le père Porte. Malgré son nom continental, le vieux Porte était bel et bien Ajaccien, étant né, ainsi qu'il le rappelait volontiers : « in carrugiu dirittu, vicino alla casa Pozzo di Borgo ».

Son fils avait eu le goût du théâtre, dès sa plus tendre enfance ; à peine adolescent, il avait organisé des tournées d'amateurs ; jeune homme, il avait débuté au théâtre Chave, puis au Gymnase, sous le nom sonore de « Porte d'Hercourt ». Mais, avouons-le, chez lui, le talent n'était pas à la hauteur de la vocation.

Aussi, ne lui confiait-on, en général, que des rôles secondaires, auxquels sa passion pour les planches donnait une certaine autorité. Le public l'aimait ; son nom était connu à l'égal des meilleurs et il put faire toute sa carrière, à Marseille, sans que jamais le public s'en soit lassé.

Un jour donc, son père raconta confidentiellement, à toutes les personnes qu'il rencontra au cercle, du président au dernier des garçons, que son fils jouerait le rôle de Napoléon dans *Masséna*.

Immédiatement, l'idée d'une manifestation prit corps et fut adoptée avec d'autant plus d'enthousiasme qu'elle allait permettre de fêter à la fois le rôle et l'acteur.

Des centaines de places furent retenues pour la première représentation ; une souscription permit l'achat d'une couronne superbe : « A Porte d'Hercourt, à Napoléon ! » Des brochures furent même achetées et mises en lecture dans le Cercle pour savoir les moments où il conviendrait d'applaudir. La première salve fut fixée à la fin d'une phrase de Masséna, refusant le Consulat et disant : « Le nom de Masséna, et tous les autres noms doivent s'effacer devant le nom de Bonaparte ! »

Tout se passa comme il avait été prévu : à peine Hadingue, qui jouait le rôle de Masséna eût-il achevé sa tirade, que des applaudissements éclatèrent sur les côtés et dans le fond de la salle, où nos amis s'étaient massés. Le public, un peu interloqué ne broncha pas; à peine quelques « chuts ! » protestèrent-ils contre l'interruption du spectacle par les applaudissements; mais une vive discussion s'engagea aux loges de première, entre deux médecins. L'un d'eux, le docteur Court, fils d'un officier supérieur du premier Empire, devenu général au service du Schah de Perse, ayant crié « Vive Napoléon », son collègue, le docteur Isouard, adjoint au maire, lui cria d'une loge voisine : « Rendez-nous l'Alsace et la Lorraine ! » — « C'est la République qui les a livrées » répliqua le docteur Court. — « Ce n'est pas vrai » protesta Isouard. — « Vous me donnez un démenti, s'écria le docteur Court, sortez ! » Leurs voisins intervinrent, et des amis communs eurent toutes les peines du monde à empêcher un duel.

La représentation, pendant ce temps, suivait son cours, avec un succès étourdissant pour Porte d'Hercourt-Napoléon. Son entrée en scène provoquait chaque fois de telles manifestations, que le général Espivent de la Villeboisnet, qui assistait à la représentation, lui fit défendre de paraître en redingote grise. Cette idée, plus digne de Ramollot, que d'un général pour de vrai, n'eut naturellement aucun résultat. Napoléon fut reconnu et acclamé, même sans la redingote légendaire.

Le père Porte déclarait le lendemain que depuis Talma, aucun comédien n'avait eu le succès de son fils, dans le rôle de Napoléon ! C'était peut-être vrai... mais l'amour paternel l'empêchait de reconnaître que la politique y était pour un peu plus que le talent du sympathique Porte d'Hercourt.

Peu de temps après, hélas, le général Espivent prenait sa revanche. Le préfet de Tracy prononçait la dissolution du Cercle Gaulois ! Ce cercle, composé de bons Français, avait vécu quelques mois à peine; il laissait les plus vifs regrets à tous ceux qui l'avaient fréquenté.

****

J'ai retrouvé la liste du conseil d'administration, à la fondation du cercle, c'est-à-dire, avant le remplacement de M. Lagarde par le capitaine Campi avant l'élection des vice-présidents, et avant quelques modifications que, ni ma mémoire, ni les papiers en ma possession, ne me permettent de rétablir. La voici : elle offre plus qu'un intérêt rétrospectif ; l'évolution politique de certains de nos concitoyens, dont quelques-uns vivent encore, y trouve son point de départ :

Président : M. Lagarde.

Secrétaire,   Vice-Secrétaire.

M. Combes.   M. Bartro.

Trésorier : M. Gros.

Administrateurs :

MM. Trabaud.	MM. Hancy.
Colonel Bourcart	Allègre.
Léon Double.	Volcy Boze.
Alfred Chailan	Corady.
Bec.	Poulain.
de Rougemont.	Corticchiato.
Eugène Rostand.	Colonel Curet.
Léopold Le Mée.	Ebrart.
Reggio.	Laugier.
Jules Hesse.	Imbert
Martinetti.	Jacquet.
Victor Jullien.	Gervy.
Octave Moreau.	Eugène Aube.

De ces messieurs, la plus part sont morts ; ils valent un souvenir pieux : M. Trabaud, était un homme aimable ; mais le concours qu'il nous apportait, était assez restreint. Il s'occupait plus de littérature que de politique.

L'armée territoriale était représentée par ses deux premiers lieutenants colonels à Marseille, MM. Bourcart et Curet. Le capitaine Hancy, nous venait des zouaves pontificaux, corps plus généra-lement recruté parmi les royalistes. Son élégance, en officier de dragons, les jours de revue, était fort remarquée.

M. Chailan, appartenait à une famille de négociants Marseillais, qu'avait enrichie le commerce avec l'Egypte, il pouvait rendre témoignage du prestige, dont jouissait le nom français en Egypte, sous le second Empire. Les félibres de ce nom étaient ses proches parents.

M. Bec, beau-frère du poète académicien Autran, avait été colonel de la Garde Nationale en 1848.

M. Hesse appartenait à une famille de banquiers, aujourd'hui, je crois, éteinte; la famille de M. Reggio existe encore; M. Corady, était le beau-frère de M. Hubert de Vauthier.

J'ai déjà parlé, ou aurai l'occasion de parler de la plupart des autres.

Je laisse à mes lecteurs, le soin de rechercher, quels sont ceux de ces Messieurs, qui ont évolué ? Hélas ! ils n'étaient pas, parmi les moindres ! L'éclat des œuvres ou des services de certains, la stérilité d'une constance, aujourd'hui reconnue inutile, ne permettent plus à personne, de réitérer les blâmes de jadis.

X

LES AVOCATS

Quand j'arrivai au Palais de Justice, vers la fin de 1878, le bâtonnier en exercice était Mᵉ Denis Negretti. Cet avocat occupait au Barreau, déjà en 1870, une place de tout premier plan. Il la devait, autant qu'à son talent, à sa collaboration avec Mᵉ Bournat, député officiel des Bouches-du-Rhône, sous l'Empire, que mes lecteurs connaissent déjà. Par lui, il avait eu la clientèle de la Compagnie Transatlantique, dont M. Gavini était un des administrateurs les plus influents. Des courtiers maritimes, des négociants avaient suivi cet exemple.

Chose singulière, il ne plaidait jamais au Tribunal civil, et il en était un des juges suppléants !

Sa parole était claire et facile. Elle tournait à l'aigre, quand on le contrariait; je l'ai entendu appeler, dans un de ces moments-là : « Vinegretti ! »

Mais, plus encore que par sa science juridique, il était renommé pour sa compétence culinaire. Les grands restaurants marseillais, plus nombreux dans notre ville alors qu'aujourd'hui, le tenaient en haute estime. Parmi les disparus, la Maison Dorée, que dirigeait avec tant d'autorité M. Peyrard, fier de ses amitiés corses, auxquelles il contait volontiers ses souvenirs du second Empire à Paris, le restaurant Fouque, familier à Gambetta; le café Bodoul, où Peytavin traitait la gentry marseillaise; parmi ceux que nous fréquentons encore, le restaurant Isnard, l'hôtel Roubion, enfin tous les temples de la bonne cuisine, s'honoraient de la clientèle de M⁰ Negretti. Quand il commandait un repas, le maître d'hôtel, respectueux et déférent, allait quérir le chef cuisinier, qui venait en personne collaborer, avec le gourmet notoire, à l'élaboration du menu. Comme un général après la manœuvre, Mᵉ Negretti rappelait au dessert le chef et le maître d'hôtel, et faisait, devant eux, la critique raisonnée du repas. Un mot d'éloge les faisait rougir d'orgueil; ils partaient honteux et confus si Mᵉ Négretti s'était déclaré mécontent.

Né en Corse, d'une famille qu'avait enrichie le commerce avec notre île, ce type accompli du vieux célibataire ne s'occupait pas plus de ses compatriotes que de son pays d'origine. Donner était pour lui un moyen d'écarter un ennui, ou seulement de prévenir un récit ennuyeux. Il paya, pendant son bâtonnat, de ses deniers personnels, les dettes d'un avocat, son ami, contre qui des plaintes graves lui avaient été portées. Félicité de sa générosité, il répondit brutalement : « Si vous savez quels em....bêtements je me suis évité ! »

Rien ne m'autorise à donner un démenti à cette boutade : elle était l'expression exacte de la vérité.

∗

Rue Paradis, dans le local occupé aujourd'hui par M⁰ Estier, M⁰ Ronchetti collaborait avec un avocat de grande distinction, M⁰ Henri Silvestre. Son talent et son tempérament le rendaient aussi différent que possible de M⁰ Negretti. Il s'emportait facilement, sa parole était volontiers agressive; on le redoutait pour la fougue de ses attaques; il était à la barre un adversaire dangereux.

L'amitié que lui portait M. Rivoire, président du Tribunal de commerce, et ses indiscutables connaissances juridiques, lui avaient valu la clientèle de quelques assureurs maritimes, clientèle toujours précieuse pour un cabinet d'avocat.

Il mourut, relativement jeune, de l'excès de soins, dont il s'était entouré, prétend-on, pour se préserver du choléra.

****

M⁰ Bartoli était un familier de ma maison. Corse corçisant, il allait, chaque année, se retremper dans l'air natal; aussi sa clientèle était-elle, en grande partie, insulaire Ce n'était pas que quelques vieilles familles marseillaises ne lui accordassent leur confiance. Il plaida, pour certaines, et avec succès, des procès importants. Sa devise était : « Moins d'affaires, mais bonnes ! » Quand un dossier l'intéressait, quand une affaire lui paraissait en valoir la peine, il étudiait le dossier dans ses plus petits détails, il se donnait à l'affaire corps et âme. Se donner est une manière de parler, car on prétend, et ce n'est pas faire injure à sa mémoire que le répéter, qu'il se faisait honorer très largement.

Bien qu'il fût surtout avocat d'affaires, la clarté n'était pas sa seule qualité, il parlait avec agrément.

J'aimais beaucoup l'entendre plaider. Sa voix barytonnante était bien timbrée. Aussi déclamait-il volontiers, lorsqu'on l'en priait, les vers de Victor Hugo et de Musset. J'ai rappelé le succès qu'il eut un jour, chez Roubion, après un déjeuner offert à ses amis par M. Martinetti !

Il mourut dans l'exercice de ses fonctions de bâtonnier. Le barreau tout entier, selon la coutume, en pareil pas, suivit ses obsèques en robe. C'est à son enterrement, m'a-t-on dit, qu'une brave femme, voyant passer tous ces Messieurs en robe, demanda quelle était leur profession ? Quand on lui eut dit que c'était des avocats, elle s'écria naïvement : « Eh bien, la famille doit savoir ce que ça lui coûte ! »

* * *

Mⁱ Bartoli avait eu, pendant quelque temps, pour secrétaire, un jeune stagiaire, notre compatriote, qui s'appelait Vignale. Ce bon jeune homme avait la phobie des procès. Elle tournait, chez lui, à l'idée fixe. Quelqu'un venait-il le consulter, en l'absence du patron, Vignale mettait toute sa dialectique en œuvre pour le convaincre de la vérité du vieil adage : « Qu'un mauvais arrangement vaut mieux que le meilleur procès ». Le pauvre Mⁱ Bartoli fut obligé de se priver de sa collaboration. « Il aurait fini par me ruiner », disait-il en riant.

* * *

Son cabinet devait tirer un plus grand lustre d'avoir eu, pour collaborateurs, mes amis Nathan et Cauvet. C'est chez lui, qu'ils débutèrent, avant de devenir, l'un le secrétaire de M° de Pleuc, l'autre le secrétaire de la Présidence du Tribunal de Commerce. Nathan est arrivé, jeune, à la renommée; aujourd'hui, c'est célébrité qu'il faut dire. Cauvet, par sa science juridique et sa haute probité, a continué les traditions d'un oncle, justement estimé. Tous deux ont conservé de leur premier patron, un affectueux souvenir.

En parlant de Cauvet et de Nathan, comment pourrais-je oublier notre pauvre Thierry ? Comment ne rassemblerai-je pas, une dernière fois les quatre premières syllabes de nos quatre noms ? De leur réunion, nous avions fait un surnom: les « *Coconnati* », et c'est dans l'ordre de ces syllabes, que nous nous invitions, à tour de rôle, dans les divers restaurants de la ville, mais, surtout à la Maison Dorée. La mort a empêché Thierry de réaliser le désir qu'il me confiait, lors de son avant dernier voyage à Marseille, de réunir les *Coconnati*, à son ambassade de Madrid.

XI

M. DE ROSSI

LA GRÈVE DES AVOCATS

Un seul Corse, M. Pierre de Rossi, faisait partie du Tribunal en 1870; il complétait la 4ᵉ Chambre correctionnelle avec M. Autran, vice-président et M. Gillet Roussin, quand se produisit le 23 septembre 1870, l'incident fameux de l'arrestation du Tribunal. Voici dans quelles circonstances. Un garde national était accusé de voies de fait sur la personne d'un garde civique. Sollicité par Mᵉ Hornbostel, avocat du prévenu, le Tribunal avait prononcé la mise en liberté de l'inculpé.

Cette décision avait déchaîné la fureur d'une partie de l'auditoire, composé surtout de gardes civiques. Les menaces succédaient aux insultes, lorsque, pénétrant par les deux portes du fond, un détachement de gardes civiques en armes, arracha de son siège le Président qui avait rendu le jugement de mise en liberté. D'autres factieux arrêtaient Mᵉ Hornbostel, à la barre même. Comme les juges n'avaient pas eu à prendre la parole, ils allaient être laissés sur leur siège; mais M. de Rossi écarta d'un geste nerveux l'un des gardes civiques et se plaça résolument à côté du Président. L'autre assesseur, M. Gillet Roussin en fit autant.

L'exemple du courage est contagieux: l'huissier, Mᵉ Fouque, m'a-t-on raconté, courut se mettre en tête du cortège et passant, dans la salle

des pas perdus, devant un groupe qui ne se décou-
vrait pas, il cria : « Chapeau bas, le Tribunal ! »

Pour apprécier de semblables actes, il faut se
mettre, par la pensée, dans le milieu et à l'époque
où ils se sont produits. Nous savons, maintenant,
qu'il n'est rien arrivé de funeste au président
Autran, à M. de Rossi et aux autres... mais, quand
les esprits sont troublés au point que des émeutiers peuvent arrêter et emmener un Tribunal, rien
ne garantit les victimes d'un pareil attentat
qu'elles ne vont pas au mur, contre·lequel on
fusille les otages.

Une fois devant Esquiros, nos magistrats
eurent à subir les outrages de ce proconsul révolutionnaire. « Vous avez déshonoré votre robe ! »,
osa-t-il leur dire. M. Autran lui répondit fièrement : « Cette robe, nous l'avons toujours portée
avec dignité. »

Pendant ce colloque, une grande fermentation
se produisait en ville. Le Barreau se réunissait
d'urgence et son bâtonnier en tête, ce bâtonnier
était M⁰ Aicard, allait réclamer l'élargissement du
Tribunal. Ce grand avocat fit entendre à Esquiros
des paroles de la plus haute éloquence : « Je suis
originaire de la libre Amérique, lui dit-il, jamais
dans mon pays de république et de liberté, pareil
attentat n'aurait pu se commettre ! »

Le Tribunal fut mis en liberté; MM. Autran,
Gillet-Roussin et de Rossi continuèrent à honorer
le siège de leur indépendance et de leur savoir.

Notre compatriote, particulièrement, devait
faire à Marseille une carrière brillante.

Par la droiture de son caractère, par sa cour-
toisie un peu hautaine, mais toujours bienveil-

lante, il sut, dès son arrivée, dans notre ville, acquérir une situation morale, qui devait croître encore, avec le temps.

Corse, jusqu'au fond de l'âme, il aimait ses compatriotes, comme il aimait son pays lui-même. Mais la façon dont il les aimait ne pouvait porter ombrage à personne. En correctionnelle, avait-il à juger un Corse ? le frémissement de sa voix faisait comprendre le chagrin qu'il éprouvait; sa parole devenait plus sévère, et l'on sentait qu'il devait faire un effort sur lui-même pour ne pas le condamner plus qu'un autre.

Au civil, les Corses pouvaient aller devant lui, sans crainte. Ils n'avaient à redouter aucune lâcheté morale, et la peur d'être suspecté ne l'aurait jamais entraîné à ne pas reconnaître tout leur droit, quand ils avaient raison.

La politique a créé, depuis, un état d'âme timoré, qui donne à certains magistrats, dans certaines villes, l'allure de magistrats forains. Ils ne veulent connaître personne, et fuient les relations les plus honorables. A peine, se départissent-ils de leur froideur, vis-à-vis de quelques personnages électifs, bien placés, par rapport à la barricade. Aussi, ignorent-ils la population au milieu de laquelle ils vivent. La qualité échappe à leur entendement, et selon l'expression d'Alceste :

Ils traitent du même air l'honnête homme et le fat.

M. de Rossi avait les meilleures relations avec le Barreau.

Elles furent fortifiées encore par l'autorité bienveillante avec laquelle il sut apaiser l'incident violent surgi entre le Procureur de la République,

M. Cénac et Mᵉ Baret, bâtonnier de l'Ordre, à propos de l'affaire de la Redingote Grise, Société Bonapartiste, dont mon confrère Giraudon était président.

Après la ligue des patriotes, le parti bonapartiste était poursuivi à son tour. Sur la sellette, Giraudon, Quilici, Niel, Volcy Boze, Colonna, d'autres encore.

Avocat, Giraudon avait confié sa défense au bâtonnier, ainsi qu'il convenait ; j'étais à la barre pour Niel et ses « complices » ; ma plaidoirie avait été préparée avec beaucoup de soin... hélas ! je ne devais pas la prononcer.

Le Procureur en personne était à la barre. M. Cénac avait conservé le *facies* et *l'habitus corporis* des magistrats d'autrefois. Des favoris à l'ordonnance encadraient les lèvres et le menton rasés. Son éloquence appartenait au genre solennel, si désuet aujourd'hui, et que pour ma part, je préfère, je ne m'en cache pas, à la monotonie et à la froideur importées au Palais par Waldeck Rousseau, prétend-on.

A Marseille, nous n'avons peut-être pas suffisamment admiré, habitués que nous y étions, la fougue méridionale de Mᵉ Baret. A Paris, un vieil habitué des audiences, m'a dit à propos de sa plaidoirie pour Mme Juliette Adam, qu'il rappelait Berryer !

Voilà comment éclata l'incident : A un moment donné le Procureur fit état d'une pièce, qui n'avait pas été communiquée à la défense. Giraudon, très élégant, redingote grise et gants beurre frais, protesta avec énergie ; Mᵉ Baret se joignit à lui comme défenseur et comme bâtonnier. Le Procureur riposta avec véhémence qu'il parlait pour le Tribunal et non pour les Avocats. « Il ne nous reste alors, s'écria M⁰ Baret, qu'à quitter cette barre, où nous n'avons plus rien à faire ! que mes confrères me suivent ! » Nous quittâmes tous la barre; le mot d'ordre circula immédiatement de chambre en chambre; ce fut la grève pendant trois jours !

Alors les bons offices de M. de Rossi ramenèrent la paix entre le Parquet et le Barreau. Il réunit dans son cabinet le Procureur de la République et le Bâtonnier, accompagné du Conseil de l'Ordre. Des explications furent échangées, non, m'a-t-on dit, sans quelque vivacité de la part du Procureur; mais finalement, l'accord se fit sous forme d'oubli réciproque, et l'affaire n'eut pas de suites !

* * *

Il eut l'honneur d'être élu membre de l'Académie de Marseille.

Ce fut un avocat qui le reçut. Cet avocat était une des gloires les plus pures du Barreau marseillais; il alliait le talent de la parole à l'indépendance et au désintéressement; la grosse clientèle n'était pas son fort, il ne traitait pas son Cabinet comme un minotier son moulin: M⁰ Ludovic Legré était digne de recevoir M. de Rossi. L'aventure qui lui survint au Conseil de Préfecture prouva l'atticisme de sa parole, et l'intolérance des Conseillers de Préfecture d'alors. C'était pourtant de braves gens, deux d'entre eux avaient appartenu au barreau de notre ville ; l'amitié cordiale de M. Conte est un des bons souvenirs de ma vie; M. Mossé était le fils de grands et vieux boutiquiers de la rue Saint-Ferréol; quant au vice-président, M. Rhodes, il a laissé la réputation d'un magistrat impartial, et ne passa jamais pour un énergumène. Ils se fâchèrent pourtant, tout rouge, et prononcèrent contre Mᵉ Legré une peine de droit commun, parce qu'il leur avait adressé cettre phrase : « Votre juridiction, Messieurs, est une juridiction contingente. » C'était leur dire en lettré, qu'ils étaient une juridiction d'exception, ce dont ils ne pouvaient pourtant pas disconvenir.

Eh bien, pour faire casser par le Conseil d'Etat, l'arrêté qui avait condamné Mᵉ Legré à l'amende, il fallut provoquer la coalition de tous les barreaux de France. Des brochures, imprimées à grands frais, publièrent leurs protestations unanimes; le Barreau de Marseille eut raison devant la juridiction suprême.

N'avais-je pas raison de dire que l'avocat valait le magistrat, et le magistrat valait l'avocat ?

L'avocat avait moins de mérite que le magistrat à être indépendant.

M. de Rossi avait toute la dose d'indépendance compatible avec le régime. Qu'on ne donne pas à mes paroles un sens restrictif. Je veux dire, seulement, qu'il n'a pas vécu au temps où les Parlements faisaient des remontrances.

Aussi eût-il toujours les meilleures relations avec les représentants d'un régime, que ses opinion religieuses, tout au moins, ne devaient pas lui faire estimer beaucoup.

On prétend qu'à ses débuts, il avait eu l'occasion de rendre service à un jeune avocat surpris en flagrant délit d'adultère. Cet avocat, ardent républicain, combattait violemment l'Empire, alors à son apogée. M. de Rossi était substitut du Procureur Impérial. Philosophe et chrétien, se rappela-t-il l'indulgence du Christ pour la femme adultère ? Toujours est-il qu'il usa auprès du mari, lui aussi de la famille judiciaire, d'une influence qui finit par avoir raison de sa colère. Le jeune avocat obtint son pardon, et jura au jeune substitut une gratitude aussi grande que le service lui-même.

A leur grand étonnement, cette gratitude eut l'occasion de se manifester ; l'Empire fut renversé : l'avocat républicain devint sénateur de la République et il ne permit jamais que l'origine de M. de Rossi, ancien substitut du Procureur Impérial, nuisît à son avancement !

Tout de même, à quoi tiennent les choses ?

XII

COURSES AU PARC BORÉLY

LES VALERY

Ceux qui n'ont vu les courses de chevaux à Marseille, qu'aux approches de la grande guerre, ne peuvent se faire une idée du luxe et de l'apparat que déployait la bourgeoisie marseillaise pendant les années qui ont précédé et suivi 1870.

Les jours de courses étaient de vrais jours de fête. La population se portait en masse au Prado et au Parc Borély.

Aux carrefours, au croisement des rues qui avoisinaient la promenade, les gendarmes exhibaient leur grande tenue des beaux jours de l'Empire.

Sur les allées, les promeneurs déferlaient rapidement vers le parc; les tramways n'existaient pas encore; de temps en temps, passait un omnibus de la Compagnie Lyonnaise, jaune, avec le cocher vêtu en postillon. L'écriteau « complet » suffisait à empêcher le voyageur le plus pressé, de monter en surcharge. On était au lendemain de l'Empire; le peuple souverain ne s'était pas encore pénétré de cette idée que les règlements ne sont pas faits pour lui.

Des enfants, à califourchon sur le dos de leurs papas, criaient et applaudissaient au passage des beaux équipages à quatre chevaux. Certains étaient superbes : Voici notre vice-président, M. Léon Double, conduisant un breack dont les chevaux anglo-normands portaient des bouquets de violettes aux frontails. Sa livrée vert et or, qui était de l'Empire, faisait notre joie. Nous le consacrions « Grand Ecuyer » de la prochaine restauration. — Un brouhaha : « François Ier » crie la foule. C'est en effet celui qu'on appelait aussi le « beau Gounelle » qui arrive sur son breack à la livrée bleue, au liseré rouge. De sa royauté éphémère, de l'inoubliable cavalcade des derniers jours de l'Empire, il a gardé une satisfaction rayonnante qu'accroît, sans doute, la certitude d'être un bel homme.

Mais voilà que l'attention de la foule change d'objet. Cette fois, le succès est de moins bon aloi, mais la curiosité est aussi grande.

L'originalité de « Milord » Gautier va faire oublier, pour un moment, la distinction de M. Double et le physique avantageux de M. Gounelle. Cette originalité ne manquera pas d'élégance et ses contemporains l'ont peut-être mésestimée.

Sa huit ressorts est, à dire d'expert, absolument impeccable. La livrée, toute noire, des laquais est, dit-on, de chez Dussautoy. Ils ont le chapeau à bord plat, l'habit à la française, de la forme du demi-gala de l'ancienne Cour. Aucune note discordante, pas un ornement criard; non, réellement, le carrosse n'est pas d'un parvenu.

A l'intérieur, le propriétaire est d'une mise excentrique, par rapport à la mode; mais est-ce lui ou la mode qui a tort ?

Toute indépendance m'enchante, et quand je revois par le souvenir, « Milord Gautier », sa mise m'apparaît bien plutôt comme celle d'un indépendant courageux, que comme celle d'un excentrique de mauvais goût.

Il portait, invariablement, un pantalon gris perle, taillé à la hussarde, avec une bande brodée, couleur sur couleur. La mode voulait une jaquette, il préférait un dolman, de forme militaire, soutaché comme celui d'un spahi.

Ses chapeaux, chefs-d'œuvre du chapelier Allard, étaient d'un poil gris soyeux, aux reflets innombrables.

Qui pourrait m'affirmer qu'un jury d'artistes aurait donné la préférence au costume, imposé par les gravures de modes, plutôt qu'à celui composé par cet original, sans souci du « qu'en dira-t-on », mais non dépourvu d'esthétique ?

La personne était à la hauteur de la mise. Son coiffeur excellait à lui faire une frisure aussi ébouriffée qu'une perruque du grand siècle.

* * *

Toujours intéressé par cet original, je prie mon ami Camoin, qui m'a invité à assister aux

7

courses, sur sa charrette anglaise, de suivre la huit ressorts. Nous entrons après elle sur la pelouse où mes yeux se portent avec plaisir sur la famille Valéry, qui représente la Corse dans ce milieu élégant.

Fort bien d'ailleurs et par plusieurs équipages. Voici le Comte et la Comtesse dans une calèche cossue; leur fille, encore une enfant, Mlle Antonia Valéry, est avec eux. Les deux fils conduisent chacun un breack à deux chevaux, le comte Mathieu est en uniforme de chasseur à cheval. Maîtres et chevaux sont fringants; on cite les prodigalités de l'aîné.

La pelouse, sur laquelle on ne voyait, avant la guerre, que des fiacres et quelques autos, était pleine alors de voitures aux livrées élégantes. On sablait le champagne pendant l'intervalle des courses. J'ai mis pied à terre. Trois jeunes gens m'interpellent comme je passe près de la voiture qu'ils ont louée ensemble : Charles Siffermann, Edgard Hugueniot, Wulfran Puget, me proposent de boire *à sa santé;* j'accepte de grand cœur et nous buvons au jeune Prince que nous espérions, alors, avoir un jour pour Souverain. « Nous voulons fonder un petit journal littéraire et politique, me disent-ils, voulez-vous être des nôtres ». — « Très volontiers. Comment l'appellerez-vous ? » — « Probablement *Le Fifre.* »

— « Joli titre, vous pouvez compter sur moi. »

Le Fifre parut, mais beaucoup plus tard. Sa vie fut éphémère. Je ne me rappelle pas y avoir écrit. Presque concurremment d'ailleurs, mon ami Chataud fondait *La Vedette* où une politique batailleuse s'entourait de mondanités. Ce journal, le premier de Marseille, osa nommer des dames, dans ses colonnes, et décrire leurs toilettes. Ce fut un joli tapage ! Certaines feignaient la plus grande colère. Maintenant, ce sont les dames qui ne sont pas nommées qui se plaignent. Alors, les maris menaçaient de nous faire un mauvais parti ! Maintenant, ai-je entendu dire, ils portent eux-mêmes les renseignements dans les bureaux de rédaction.

**

Je continue ma promenade, mais un groupe de cavaliers selects m'oblige à me garer. Rambaud est en tête; mince, comme il le restera toujours, il prélude par des succès de pelouse, à ses innombrables succès de gentleman rider. Botte à botte, avec lui M. Melchior Roussier maintient le type des élégants du deuxième Empire. Ses favoris en pointe sont ceux d'un Offenbach, qui monterait à cheval. Leur groupe salue M. Cyprien Fabre, d'une élégance plus sévère. Un cavalier ,d'allure modeste, les suit, M. Lieutaud, simple employé à la Mairie, consacre ses revenus à faire, de l'équitation. Sa passion pour la plus noble conquête de l'homme lui a créé une notoriété; la foule le nomme à l'égal des plus connus, en même temps que le père Galy, pendant plus de 30 ans, le professeur d'équitation de tout Marseille.

Ma tournée terminée, je remonte sur la voiture de Camoin. Nous faisons un tour de pelouse. Il me sert de cicerone. « Tiens, regarde le phaéton de Jean Prat, cette paire de chevaux anglais est admirable; ... et le tilbury de Guilhem ? Tu n'as jamais vu un stepper pareil, mais admire donc le phaéton d'Antony Roux, ses deux cobs irlandais sont épatants ! »

Et l'équipage de St-Alary, qu'en dis-tu ?

Moi, je regarde ailleurs; j'ai l'orgueil des voitures Valéry; je l'oblige à se rapprocher d'elles. Le futur sénateur de la Corse m'a d'ailleurs aperçu et me fait signe d'aller lui parler. Je me hâte, et suis très fier de son accueil amical.

Les breaks des fils sont un peu à l'écart. Je ne tarde pas à en deviner la cause. Dans deux autres équipages, également à deux chevaux, sont deux jolies femmes... les quatre voitures partiront presque ensemble.

Car voilà le retour; le public s'ébaudit encore; deux attelages à quatre se sont joints à ceux précédemment arrivés; l'un appartient à M. Rivet, dont l'opulente propriété termine à peu près la rue Paradis, qui ne va pas encore jusqu'au Prado. L'autre est conduit par le marchand de chevaux Bédarrides.

Le comte Mathieu Valéry passe devant nous un des derniers. Son break suit une des voitures dont j'ai parlé. Il est tard. Le soleil couchant darde ses derniers rayons sur la plage. Il disparaît lentement dans la mer. Mathieu Valéry est dans le halo du soleil couchant. Un tournant de la Corniche le dérobe tout à coup aux regards. Je me rappellerai quelques années après, cette vision de soleil couchant et cette disparition subite... Plus superstitieux, j'y eusse, peut-être, vu un présage !

* * *

Il n'entre pas dans mon cadre de rechercher les causes de la déconfiture, si funeste aux intérêts corses, de la Compagnie Valéry. Je dois dire, seulement, que, pendant les premières années de la République, la famille, comme la Compagnie à laquelle ses chefs avaient donné leur nom, tenaient une grande place à Marseille.

Elle avait débuté avec deux petits bateaux, de Bastia à Livourne. Elle devait desservir, un jour, presque tout le littoral méditerranéen.

Parmi ces bateaux des premières années de la République, je me rappelle l'*Oncle Joseph*, le *Persévérant*, le *Jean Mathieu*, l'*Evénement*, l'*Insulaire*, le *Président Troplong;* plus tard, quand la Compagnie alla en Algérie, ce furent les bateaux rapides du type *Immaculée Conception* et *Maréchal Canrobert*. Les bonnes relations qu'une Compagnie postale doit conserver, avec le Gouvernement avaient empêché le choix de noms rappelant plus directement l'Empire, que celui du plus populaire de ses maréchaux.

Pour les capitaines, me tromperai-je en citant ces noms, qui résonnent encore à mes oreilles, que j'ai entendus tout enfant : Cambiaggio, Donzella, Pozzo di Borgo, Tavera, Nicolai, Limarola, Lota, Ricci, Luciani, Pietri, etc...

D'autres Compagnies pourront doter leurs navires d'équipages entièrement insulaires, ils ne donneront jamais l'impression que l'on ressentait sur les bateaux de la Compagnie Valéry. Sur les Valéry, les mots « exterritorialité » s'expliquaient tout seuls, ils avaient un sens concret : qui s'y trouvait, se croyait en Corse ! Jamais autant que certain jour du mois d'août 1873, où le prince Napoléon vint s'embarquer à Marseille pour aller présider à Ajaccio, la session du Conseil général ! Je retrouve la date et le motif du voyage, par le raisonnement plus que par ma mémoire.

La nouvelle de son passage s'était répandue en ville. Des centaines d'ouvriers, originaires de l'Ile, des continentaux bonapartistes remplissaient le quai de la Joliette, dans une attente animée.

La veille, M. Lagarde, informé directement de l'arrivée du Prince, avait proposé à mon père de me présenter à Lui ; ce dont ma famille fut très contente, et moi, plus que tout le monde.

Nous arrivâmes à bord, un peu avant le Prince. Quand il parut, dans un modeste fiacre découvert, des applaudissements éclatèrent, sans provoquer aucune contre-manifestation. Reçue à la coupée par le Capitaine, Son Altesse, apercevant M. Lagarde, alla immédiatement lui serrer la main, et l'amena sur la dunette; (M. Lagarde m'avait bien recommandé de ne pas le quitter; je n'y manquai pas).

Le Capitaine s'était mis en faction au pied de l'escalier. Soit qu'il eût des instructions, soit qu'on s'en fût rapporté à son tact, il ne laissait monter que quelques privilégiés. Ceux-ci se nommaient, serraient la main au Prince, et se retiraient discrètement.

Aussi la conversation du Prince et du Maire était-elle entrecoupée, à chaque instant, par l'échange des poignées de mains. Elle est aussi présente à ma mémoire que si je l'avais entendue hier. J'en rapporte, ici, les passages principaux. Les ... indiquent les moments où les visiteurs l'interrompaient :

M. Lagarde : « Et la fusion, Monseigneur ? »

Le Prince : « Elle est faite, vous le savez... la situation dépend d'eux... le maréchal (amèrement) cet homme qui nous doit tout... le maréchal est avec eux ! »

M. Lagarde: « Alors, le mot qu'on lui prête: les chassepots partiraient tout seuls? »

Le Prince: « L'a-t-il seulement dit?... et puis il ne l'aurait dit qu'à propos du drapeau... Evidemment, on ne voit pas l'armée française abandonner le drapeau d'Austerlitz... (avec une expression d'orgueil inoubliable) notre drapeau !... Mais quand on est petit-fils d'Henri IV, on a toujours à sa disposition la phrase fameuse... Paris est toujours Paris... »

M. Lagarde: « Alors, vous croyez qu'il cèdera? »

Le Prince (après un temps)...: « Sa femme l'en empêchera... peut-être !... Par ses proches, elle a touché à la Révolution ; elle en a connu les angoisses...; le sort de Marie-Antoinette la hante... forcément ! »

M. Lagarde: « Votre avis, Monseigneur, est donc que s'il renonce au drapeau blanc... »

Le Prince interrompant: « Nous sommes foutus ! »

Ce mot termine la conversation, entrecoupée, comme je l'ai dit. Le commandant a-t-il guetté sur nos physionomies le moment d'intervenir? Toujours est-il qu'il s'approche, la casquette à la main, pour demander la permission de faire sonner la cloche du départ. Le Prince acquiesce de la tête. Il échange avec M. Lagarde les phrases d'adieu. Sa main droite est dans celle du Maire; sa gauche est sur mon épaule. Je suis ému, très ému. Je contemple avec admiration cet homme qui est l'évocation vivante du Grand Empereur. Mon admiration est immense. Elle s'accroîtra encore de ce que j'entendrai dire de Lui, par la suite. Pourquoi la république a-t-elle banni tant de force, tant d'intelligence, tant de patriotisme, et de savoir ?

XIII

M. MORELLI

L'évocation des fastes et de la décadence de la Compagnie Valéry, rappelle forcément, le souvenir de celui qui soutint, pour la faire revivre, sous son nom, une lutte des plus dures, dans laquelle il finit par succomber.

L'époque, où il la livra, pourrait le faire rester en dehors de récits qui ne doivent pas dépasser les premières années de la République; mais l'homme vint à Marseille, au lendemain de la Révolution, et par là, il rentre dans mon cadre. Comme tant d'autres, il se présenta chez mon père, pour se réchauffer dans un foyer ami: « Vous avez été arrêté au 4-Septembre lui dit-il, moi aussi. Je suis Corse comme vous. » — « Soyez le bienvenu », répondit mon père. Les deux hommes ne tardèrent pas à se lier, à s'estimer. M. Morelli, c'est lui dont je parle, était doué d'une grande facilité d'assimilation ; peu de temps après, il devint le fournisseur de la Compagnie Valéry, et comme tous ceux qui ont touché à la grande Cambuse, pour n'importe quelle Compagnie, il ne tarda pas à faire une fortune appréciable.

Quand vinrent les mauvais jours pour la Compagnie, il aurait pu la laisser aux prises avec ses difficultés; il préféra jeter toute sa fortune dans la galère, qui faisait eau, et s'y embarquer lui-même. C'était du courage et de la générosité.

« Vous seriez plus sage, en vous retirant, lui disait-on. Bocognano au pied de la Foce, est un séjour délicieux pendant l'été ; allez y vivre de vos rentes ! » — « La disparition de la Compagnie Valéry serait un désastre pour la Corse, répondait-il, un coup mortel à son indépendance économique ; je risquerai mon dernier sou pour éviter ce malheur ! »

Je ne raconterai pas la bataille elle-même, bien qu'elle ait été, en grande partie, judicaire. Je tracerai, dans ses grandes lignes, le portrait moral de l'homme et son caractère.

Profondément intelligent, il comprit le rôle que la politique allait jouer, dans les affaires, et l'influence qu'elle donnerait à ceux qui seraient du bon côté du manche. Il s'y mit résolument ; ce ne fut ni par goût, ni pour son plaisir.

Le soir, où la nouvelle de son élection au Conseil général, parvint à Marseille, une touchante manifestation s'organisa, spontanément, à la fois Corse et Marseillaise. Les enfants du quartier allumèrent un feu de joie, sous les fenêtres de la famille Morelli. Comme d'usage, ils dansèrent autour, chantant des rondeaux provençaux. Mme Morelli fit ouvrir toutes les portes, à la mode corse. Chacun put entrer, boire et manger. Je n'ai jamais vu manger autant de « fritelli » ! Marseillais et Corses paraissaient les aimer également. Devant le « Broccio » il n'y a plus de Méditerranée !

Le titre de Conseiller général n'était pas suffisant pour ouvrir, au Directeur d'une Compagnie subventionnée, les portes des cabinets des Ministres ; à permettre les discussions d'égal à égal, sur l'intréprétation d'un cahier des charges, encore moins sur sa rédaction; M. Morelli voulut être sénateur, il fit le nécessaire pour le devenir.

Comme au temps du comte Valéry, un bateau emmena de Marseille en Corse, tous ceux dont la présence dans l'Ile pouvait contribuer au succès de la candidature. Il fut élu.

Pendant quelques années, le nouveau sénateur put croire avoir réussi. Son humeur n'en fût pas modifiée. Jamais homme n'eut moins l'air d'un parvenu. Je le vis, un jour, je ne me rappelle plus à quel enterrement, tenir un des cordons du poêle, avec les plus hautes sommités commerciales de Marseille. Son aisance, son naturel et sa simplicité auraient pu être enviés par plus d'un.

Avait-il été agent de police, comme l'affirmaient des jaloux? Je n'ai jamais voulu me livrer à une enquête, sur ce point, de peur d'acquérir la certitude qu'il ne l'avait pas été. Si M. Morelli, au début de sa carrière, a réellement dit: « Circulez » à une marchande au panier, il a eu bien plus de mérite; l'homme me paraîtra bien plus grand. Tout ce qu'on doit reconnaître, c'est qu'il avait plus l'air d'un Sénateur que d'un simple gardien de la paix.

Pourquoi, ce qui avait si bien réussi au comte Valéry ne préserva-t-il pas M. Morelli de la chute finale? La question est complexe. Il est possible cependant d'apporter une réponse, qui sera plus qu'un élément de sa solution. M. Morelli a échoué, parce qu'il n'a pas trouvé un Simon Ramagni pour le remplacer, pendant ses nombreuses absences.

Ici, arrêtons-nous pour admirer la trempe morale du bon citoyen, qui, pendant un temps, trop court pour notre ville, fut le maire de Marseille.

M. Ramagni avait le don de l'autorité qui se fait accepter sans avoir à s'imposer. Sa vive intelligence, son travail opiniâtre, lui révélaient, les plus petits détails des affaires qu'il dirigeait. Son intégrité, **digne des temps** antiques, faisait de lui l'idéal des administrateurs.

M. Valéry pouvait, à son gré, siéger au Sénat, défendre à Paris les intérêts de la Corse et de sa Compagnie; il pouvait aller se reposer dans son palais de Bastia, ou villégiaturer à Erbalunga, son agence à Marseille, pivot et cheville ouvrière de toutes les autres, était en de bonnes mains.

Je ne répéterais pas ce qui se disait publiquement à Marseille, sur le désordre régnant à la Compagnie Morelli, pendant les absences de son Directeur; ce serait écrire un réquisitoire, et je préfère Moro-Giafferri à Mornet ; mais je constaterai, et personne ne pourra me contredire, qu'avec un Ramagni, les choses se seraient passées autrement.

Celle-là par exemple. M. Morelli avait tenu à suivre jusqu'au cimetière le cercueil d'un homme qu'il avait beaucoup estimé et à qui il avait confié des missions qui eussent pu être lucratives pour quelqu'un de moins sûr. Mais, avec celui-là, il n'y avait rien à craindre.

Pendant toute la route, M. Morelli avait vanté le mérite de ces modestes employés qui, gagnant 2 à 300 francs par mois, trouvent moyen d'être vêtus décemment, eux et leurs femmes, **et de** mettre leurs enfants en pension. « Songez, disait-il à l'ami qui me l'a répété, songez à ce que de telles existences comportent d'ordre, d'économie, et sans doute, hélas! de privations cachées...

On était arrivé devant la fosse, quand tout d'un coup l'interlocuteur de M. Morelli sentit sur son bras l'étreinte d'un main crispée... c'était celle du sénateur qui, avec des oh! d'effarement, lui montrait une superbe chapelle toute neuve sur laquelle s'étalait le nom de cet homme de confiance!

Le fossoyeur, de la même pelletée, enterra l'homme et la confiance de M. Morelli.

L'armement, en France, n'est pas assez lucratif pour résister à une mauvaise administration. Les compagnies les plus puissantes succombent sous le coulage, qui en est la conséquence forcée. Quel exemple plus probant que celui des Messageries Maritimes? Si certaines compagnies prospèrent, c'est que, sorte de bien de famille, elles sont exploitées comme un père de famille gère son propre bien.

Dès l'instant où la Compagnie Morelli dut ajourner le paiement de certaines créances, ses jours furent comptés. Ce n'est un mystère pour aucun homme d'affaires que l'acharnement inintelligent, contraire à leurs intérêts, que mettent certains créanciers à poursuivre leurs débiteurs. La Compagnie Morelli fut la victime de ce phénomène psychique. J'en donnerai comme preuve l'affaire d'Haïti; mais je veux, auparavant, conter un épisode assez curieux.

Certain fournisseur avait fait vendre aux Commissaires-priseurs le mobilier des bureaux de la Compagnie. Un ami de M. Morelli racheta les meubles, de ses deniers personnels, et les lui donna en location, par un bail en bonne et due forme.

La sincérité des actes était indiscutable. Le créancier crut néanmoins avoir le droit de saisir à nouveau le mobilier et de le faire vendre une seconde fois.

Cette exorbitante prétention m'amena dans la bataille; voici comment:

Je vis un jour, entrer dans mon cabinet, un superbe brigadier de la Garde républicaine. Arrivé près de moi, il joignit les talons, et la main gauche sur la couture du pantalon, me fit le salut militaire; ce qui est toujours flatteur pour un simple pékin.

« Brigadier Bonelli », me dit-il.

Où avais-je entendu ce nom, et par qui?

Comme s'il devinait ma pensée, il ajouta les yeux baissés: « Le frère de Bellacoscia... »

« Vous rachetez votre frère; d'ailleurs votre uniforme et vos galons suffisent à prouver que vous êtes un honnête homme ». Il serra avec effusion la main que je lui tendais.

C'était lui, qui par reconnaissance pour la protection de M. Morelli avait racheté le mobilier. Les preuves de la provenance des fonds étaient indiscutables, un procès-verbal des Commissaires-priseurs justifiait la vente; un bail régulier prouvait la location et le bénéfice que le bailleur en retirait, en dehors de toute considération sentimentale.

Nous allâmes en référé; 'es débats furent mouvementés. On voit ce que la parenté d'un brigadier de gendarmerie avec le bandit fameux pouvait inspirer à l'avocat adverse! Il ne s'en fit pas faute et dépassa peut-être un peu la mesure; mais j'ai dit que les Corses pouvaient se présenter sans crainte, devant M. de Rossi. Ce digne magistrat aurait rougi de la popularité malsaine, momentanée, qui eût accueilli une ordonnance contraire aux intérêts de ses compatriotes, mais aussi à sa conscience. Il fit ce qu'il avait le devoir de faire en empêchant la vente d'un mobilier, qui n'était qu'en location dans les bureaux de la Compagnie Morelli. Ce succès ne fut, pour ainsi dire, qu'un succès local.

La Compagnie fut perdue par ce qui aurait pu la sauver. Grâce à ses hautes relations, M. Morelli avait conclu avec le Gouvernement haïtien un contrat d'affrètement d'un certain nombre de ses navires, aux conditions les plus avantageuses. Fini le coulage, fruit d'un défaut de surveillance et d'une mauvaise administration! Le gouvernement d'Haïti aurait géré, à ses risques et périls, des garanties avaient été stipulées et la Compagnie Morelli aurait encaissé un prix de location magnifique, supérieur, paraît-il, au rendement normal de la Compagnie la mieux administrée.

Seulement, les bateaux devaient être préalablement dénationalisés et certains créanciers voulurent y voir la disparition du gage sur lequel ils avaient le droit de compter.

C'était une question de confiance à faire à M. Morelli. Le Président Rivoire la lui aurait accordée, sans marchander, le passé en faisait foi; le président Barthélemy, honnête mais faible, se laissa gagner par la méfiance ambiante, et prononça la faillite de la Compagnie.

Je vis M. Morelli, quelque temps après, dans une modeste chambre d'hôtel, où il se tenait en permanence, avec ses conseils, car il n'avait pas accepté sa condamnation et se disposait à la porter devant toutes les juridictions.

Mais il avait été blessé au cœur et il mourut avant que la Cour Suprême se fût prononcée.

Par son pourvoi en cassation, il avait conservé ses titres personnels. Le Sénat et la grande Chancellerie avaient ajourné leurs décisions. Il mourut Sénateur et Chevalier de la Légion d'honneur.

Un piquet de fantassins présenta les armes à sa dépouille quand le cortège, venant de sa campagne des Aygalades, passa devant l'Arc de Triomphe de la Porte d'Aix. Au cimetière, Emmanuel Arène, très crâne, comme toujours, en habit noir, l'écharpe en sautoir, l'insigne de député à la boutonnière, adressa à l'ami foudroyé des adieux empreints de la plus sincère émotion.

« Avez-vous remarqué, dit quelqu'un dans la foule à son voisin, combien ce pauvre Arène était ému ? »

« Je crois bien, répondit l'autre, il perd beaucoup ! »

Ce souvenir comporte un épilogue ; il sera court : M. Morelli est mort pauvre !

Ce fut sa réponse posthume à ses détracteurs.

XIV

LA CANEBIERE

LES MOBILES CORSES

L'ARRIVÉE DE GARIBALDI

Après avoir été à la rencontre des Corses notoires de Marseille, dans les milieux de nature à nous les faire le mieux connaître, nous allons maintenant les attendre dans le magasin, dont je parlais, au commencement de ces souvenirs, et qui fut, en quelque sorte, leur quartier général, pendant plusieurs années.

La Canebière, où il était situé, était alors une rue patriarcale, au possible; les enfants jouaient ensemble sur le trottoir. Deux exceptions, peut-être, mais sans morgue. La famille de M. Mottet, le parfumeur, se rendait, le dimanche, à la messe avec une certaine solennité. Elle échangeait des saluts cérémonieux avec les voisins, dont les magasins étaient restés ouverts, mais les enfants ne jouaient pas. Même attitude chez les Rey, les bijoutiers.

En revanche, intimité complète entre tous les autres : MM. Fontana, opticiens, dont la fille et nièce a épousé le fils de notre proviseur, le docteur Grenier; M. Platel, l'horloger, dont le fils aîné est mort colonel; son cadet, mon camarade Eugène, est ingénieur des Ponts et Chaussées; sa fille Mlle Marie, après avoir dirigé brillamment le lycée de jeunes filles d'Aix, en est maintenant directrice honoraire. A côté d'eux, M. Codde, de Nicolas, également horloger. Voici les Sardou, parfumeurs, vieille famille marseillaise, trois fois séculaire, représentée aujourd'hui par le docteur Sardou, et par M. et Mme Ergenschaefter, père et mère de la jeune et réputée cantatrice Mlle Ergens. Aux étages, M. Garonne, nouveau marié, dont la toute jeune femme rivalise de beauté avec la célèbre Mme Allemand, dans tout l'épanouissement de la sienne.

Les Corses de distinction descendaient volontiers à l'hôtel du Petit Louvre, et parmi eux, mon ami si regretté, le bon confrère, qui me confiait tous ses dossiers de plaidoirie, le comte Filippi.

Deux vieilles filles, confites en dévotion, Mlle Thérèse Palanca et son associée Mlle Joséphine considéraient, comme leur fils, un jeune employé, actif et intelligent, dont elles disaient le plus grand bien et à qui elles prédisaient un brillant avenir. Le jeune homme, reconnaissant, a ajouté à son nom celui de Palanca et de la modeste parfumerie, il a fait l'importante maison Lorenzy-Palanca.

Je vois encore M. Jenselme, mercier, dont le fils était sergent-major de la compagnie de la

Canebière ; M. Pardini, chapelier, beau-père de M. Rosato, mon camarade à la Nautique, où j'ai le plaisir de rencontrer aussi, avec son mari, la petite-fille du tailleur Heufler, Mme Nicolas. Au n° 2 (où le 23 juin 18... passons... il n'y a pas de plaque commémorative...) était M. Rougier, liquoriste, qui devait fonder la Brasserie Phocéenne sur l'emplacement de laquelle s'élève aujourd'hui le Grand Casino.

Je n'aurai garde d'oublier Mme veuve Marteletti, qui m'a vendu ma première paire de gants. De sa fille, Mme Salina, héritière de sa ganterie, est issu le père Salina, orateur véhément, mais non sans éloquence.

Enfin, j'ai garlé pour la bonne bouche le vieux M. Pourcel, ce bon camarade de mon père. Son fils Alexandre est à Paris un des ingénieurs conseils les plus écoutés de notre pays et son petit-fils, neveu de l'ingénieur, est professeur de l'Université.

Que les autres voisins m'excusent, mais le quartier est trop grand, il s'étendait jusqu'à la place aux Œufs.

Nos parents, les soirs d'été, prenaient le frais, assis et groupés devant leur porte, selon leurs sympathies, comme dans le plus modeste des quartiers de la ville.

Aux derniers jours de l'Empire, la famille de M. Nyer, le secrétaire général de la préfecture, ne dédaignait pas de venir s'asseoir sur la Canebière, aux côtés de la mienne. Les voisins pouvaient faire sa connaissance, sans la moindre cérémonie. Aussi ces braves gens avaient-ils trop de cœur pour sympathiser avec une manifestation corsophobe. Un industriel de la rue de l'Etrieu, personnage des moins sympathiques, en tenta une que je vais avoir plaisir à raconter parce qu'elle tourna à sa confusion.

La Compagnie des Gardes Nationaux de la Canebière était commandée par le capitaine Auzière, dans la vie civile marchand de couleurs à la rue de l'Etrieu. Ce brave homme, je pourrais dire, ce « brave » tout court, troqua ses trois galons contre un simple galon de sous-lieutenant pour avoir l'occasion d'aller combattre les Prussiens dans un corps franc. Les élections, pour son remplacement, firent naître l'incident. Trois concurrents étaient sur les rangs : le lieutenant, naturellement, le sous-lieutenant et un simple sergent, ouvrier corse, du nom de Mattei. La plupart des gardes nationaux, mon oncle tout le premier, bien qu'il fût le compatriote et l'homonyme du sergent, hésitaient beaucoup. Ils eussent bien voulu nommer capitaine le lieutenant, ou tout au moins le sous-lieutenant, mais le malheur voulait qu'aucun des deux n'eût jamais été soldat; ils étaient aussi incapables l'un que l'autre de commander la compagnie. Le sergent Mattei, en revanche, vieux soldat, avait fait quatorze ans de service; la compagnie lui devait un aspect militaire dont elle était fière. Mais comment le faire passer sur le ventre, comme on dit au régiment, du lieutenant et du sous-lieutenant ? C'est alors que se produisit l'accès de corsophobie en question. Le marchand de grenailles de la rue de l'Etrieu arriva précipitamment en criant : « Qu'est-

ce que j'apprends ? Vous voulez nommer un capitaine corse ? Mais quand nous sortirons, on dira
en nous voyant passer : « Voilà la compagnie des
Corses ! Et vous accepteriez d'être traités de
Corses? » Mon brave homme d'oncle, qui était la
bonté même, bondit sous l'outrage : « Alors vous
considérez comme une injure d'être traité de
Corse; eh bien, moi, je trouve que c'est un
honneur ! Je suis Corse et j'en suis fier. Mais puisque, ici, dans ce quartier où j'habite depuis mon
enfance, on trouve que c'est une insulte, je ne
vous déshonorerai pas plus longtemps. Je m'en
vais. Je me ferai inscrire dans une autre compagnie ! » Et rien, ni personne ne put le retenir !
Je le vois encore rentrant à la maison, ému aux
larmes, tant il était sensible.

La consolation ne devait pas tarder à se présenter, très douce, très réconfortante. Une demi-
heure après, environ, le magasin était littéralement
envahi par les gardes nationaux, voisins ou amis,
qui venaient féliciter mon oncle : « Eh bien, soupe
au lait, calmez-vous, nous l'avons nommé capitaine
votre compatriote, et à l'unanimité encore; le
lieutenant a voté bulletin ouvert; cet imbécile de
B... (le corsophobe) s'est abstenu ; il peut se vanter
d'être un fier maladroit. Sans lui, c'est peut-être
le lieutenant qui eût été élu; à ce point de vue
nous lui devons une vraie reconnaissance ».

Ce petit incident prouve que la corsophobie
de certains énergumènes n'a pas d'attaches dans
notre chère population marseillaise, dans le sein
de laquelle nous comptons de si chaudes, de si
cordiales affections.

La compagnie fut très reconnaissante au capitaine Mattei. Comme les manœuvres et les sorties lui faisaient perdre beaucoup de temps et qu'il était un simple ouvrier, il fut récompensé, généreusement, par les bourgeois de la Canebière et de tout le quartier.

Plusieurs d'entre eux étaient, d'ailleurs, des commerçants importants. Je n'en citerai qu'un, le pharmacien de la Garde Nationale de Marseille, que la compagnie avait l'honneur de compter dans ses cadres. Nous étions très bien ensemble, car il avait été le camarade de mes frères aînés, dans une boîte de préparation aux bachots et aux grandes écoles, dirigée par un de nos compatriotes M. Philippi. Son beau-père et son associé M. Victor Camoin, dont je fus le conseil, tant qu'il vécut, avaient eu la bonté de me réserver mon premier dossier. De hautes situations politiques l'éloignèrent depuis, de Marseille, une grande partie de l'année ; c'était M. Paul Peytral.

Les Corses pouvaient donc venir dans le quartier sans y être mal vus. Ils y furent amenés par les événements d'abord, par la situation de notre magasin ensuite.

L'arrestation de mon père avait provoqué un vif mouvement de sympathie: amis et compatriotes vinrent lui serrer la main, s'indigner d'un acte aussi brutal.

Un des premiers arrivés fut son cousin Casile, employé au chemin de fer et qui était notre voisin, puisqu'il habitait rue Fontaine Armény, une maison, dont il était d'ailleurs propriétaire.« Et Alfred ? » lui dit mon père, après l'avoir embrassé.

« Il est apprenti graveur, lui répondit le père Casile, et il pourrait devenir un bon ouvrier, mais il me donne des inquiétudes, car il veut faire de la peinture, ce n'est pas un métier ». Alfred Casile fit en effet de la peinture et en fit fort bien. Son père vécut assez longtemps pour voir ses succès.

Les plus fougueux prétendaient qu'on aurait dû résister, que l'audace des malfaiteurs venait de la faiblesse des honnêtes gens. Cette idée prit même un certain corps. Les Corses, notamment, bien qu'ils ne fussent pas aussi nombreux à Marseille, alors qu'aujourd'hui, s'encourageaient au groupement. « Si nous avions été cinquante au quai Saint-Jean, disait un marin, c'est pas beaucoup cinquante, nous aurions empêché les nervis de monter à bord ». A la première alerte, disaient certains autres, nous devrions nous réunir d'urgence, là où l'un d'entre nous serait menacé et dès que nous le saurions ». « Comment en être informé ? » répondaient quelques autres. » « Le premier qui saurait quelque chose devrait courir le dire chez M. Corticchiato ! » L'idée plut, tous les mots d'ordre, non pas heureusement de défense corporelle, mais de réunion, de suffrage ou de manifestation se prirent, désormais, rue Canebière, 24.

Un événement, un fait divers, pourrais-je dire, fit venir des centaines de compatriotes aux renseignements quelques jours après.

***

Certain soir, dont je ne pourrais préciser la date, mais encore, je le crois bien, dans le mois de septembre 1870, nous fûmes réveillés, vers 10 heures, par un vacarme de cris et de vociférations qui venait du bas de la Canebière. Ce n'était pas pour nous étonner et nous étions assez habitués, depuis la révolution, à ce genre de tapage nocturne. Quand les cris se rapprochèrent, il me sembla entendre (je crus avoir la berlue) crier à tue-tête : « Vive l'empereur ! » Mes parents, au même moment, avaient la même impression. Nous sautâmes hors du lit, nous interrogeant de fenêtre à fenêtre. Mais le doute n'était plus possible. Une troupe d'hommes armés, brandissant leurs fusils, ne s'interrompaient de pousser des vivats que pour chanter l'*Ajaccienne :*

« A genoux, citoyens et frères,

« Son Ombre descend parmi nous ! »

« Vive l'Impératrice ! Vive le Prince Impérial ! Vive... ! » Tous les membres de la famille impériale y passaient à tour de rôle.

« Une autre fois Dieu s'est fait homme,

« Napoléon ! Napoléon ! »

Si nous avions eu un moment de doute, il était dissipé. C'était les mobiles de la Corse qui, furieux des mauvais traitements infligés à leurs compatriotes et que l'écho de leurs montagnes avait, peut-être, un peu grossis, protestaient à leur façon.

Les officiers faisaient l'impossible pour les maintenir dans le rang ,pour les pousser vers la gare; ils avaient beaucoup de peine à y arriver ;

les hommes s'arrêtaient devant les cafés, surtout quand des invectives leur répondaient ; on voit d'ici le travail des gradés pour éviter une collision ; ils y parvinrent, ce ne fut pas sans peine.

Nous apprîmes le lendemain, que ces Mobiles. étaient arrivés le matin dans un tel état d'effervescence qu'il avait paru dangereux de les conduire à la gare en plein jour ; aussi fut-il décidé qu'ils s'embarqueraient à 10 heures du soir.

Pour plus de précaution, la Place donna l'ordre de les faire passer par le boulevard des Dames.. L'ordre fut impossible à exécuter. A peine sortis du fort Saint-Jean, les moblots se dirigèrent vers la Canebière et rien ni personne ne put s'y opposer.

La presse ne souffla pas mot de l'incident, mais le bruit s'en répandit, néanmoins, en ville, comme une traînée de poudre. Ce fut, dans notre magasin, un long défilé de gens venus aux nouvelles et à qui nous répétions ce que notre situation privilégiée nous avait permis de voir et d'entendre.

Situation absolument privilégiée ! A l'époque où la rue Colbert n'était pas encore percée, tout ce qui se passait à Marseille avait sa répercussion sur la Canebière, quand elle n'en était pas le théâtre immédiat.

*　*　*

Ainsi l'arrivée de Garibaldi donna l'occasion à un grand nombre d'insulaires de se grouper spontanément pour la défense éventuelle d'un de leurs plus vieux compatriotes. Le condottière était attendu le 7 octobre, vers trois heures de l'après-midi. La Garde Nationale formait la haie dans les rues; ses musiques égrenaient tous les morceaux de leur répertoire pour faire oublier les longueurs de l'attente, car la nuit était venue sans que le général fût encore arrivé. Alors quelques enthousiastes de l'Homme de Caprera eurent l'idée de faire illuminer les maisons devant lesquelles leur héros devait passer.

Les cris habituels retentirent : « les lampions, les lampions ! » Sur la Canebière, quelques familles, non des moins cléricales, après s'être fait prier pendant quelques instants, se résignèrent et improvisèrent une illumination de fortune. Mon père, que son arrestation avait rendu très réfractaire à toute manifestation de ce genre, faisait la sourde oreille. Alors un grand rassemblement s'était formé sur la chaussée, où les cris « les lampions ! » alternaient avec les menaces. La scène dura plus d'une demi heure. Ce temps suffit pour que des Corses, en grand nombre, vinssent occuper le magasin, et en jouant des coudes garder le trottoir.

Si les énergumènes, que commençait à impatienter notre résistance passive, avaient voulu nous faire illuminer de force, ils eussent rencontré sur leur route des obstacles imprévus.

Mais à une de nos fenêtres était Mᴵˡᵉ Labadié, la fille du nouveau préfet de la République, ce bon ami de ma famille. Elle insista auprès de mon père pour qu'il donnât satisfaction à la foule, et elle obtint ce que les menaces de la rue n'auraient pas obtenu. Nous mîmes quelques lampes aux fenêtres et quand Garibaldi passa, en voiture, une heure après, drapé dans une cape verdâtre qui lui donnait l'air d'être en robe de chambre, il put croire à une illumination spontanée des maisons de la Canebière en son honneur !

****

Cette résistance de quelques instants fit plus de bruit que de raison; mais elle permit la constatation qu'en cas de danger, les compatriotes se grouperaient, pour défendre celui, d'entre eux, qui serait menacé. Cette solidarité affirmée devant notre maison, fut sa consécration définitive comme lieu de rendez-vous des Corses de Marseille.

Ils y vinrent habituellement; ils y rencontrèrent des continentaux à qui les attacha bientôt une sincère affection mutuelle, et parmi eux M. Louis Lagarde, dont j'ai déjà parlé à plusieurs reprises. L'ancien maire de Marseille devint leur grand protecteur. Dire ce qu'il en recommanda, ce qu'il en plaça dans les différentes compagnies de navigation, ou dans les maisons de commerce amies est au-dessus de mes facultés d'évaluation. Chaque jour voyait éclore deux ou trois recommandations et cela dura jusqu'à sa mort !

XV

COMMENT M. LAGARDE

CONNUT LES CORSES

Comment mon père l'avait-il connu ? Commercialement. J'étonnerai, peut-être, mes lecteurs, en leur disant que le commerce de la draprie a été au XVIII° siècle et au commencement du XIX°, en honneur dans les vieilles familles marseillaises. Les Colbert, d'ailleurs, avaient donné l'exemple, à Troyes et à Reims et ce n'était déchoir, que les imiter.

Le bon Provençal, Joseph Mathieu, statisticien érudit, et historien fidèle, a rendu hommage aux drapiers marseillais, dans son ouvrage sur Marseille, *Statistique et Histoire* paru en 1879, où il parlait de faits, remontant alors à 40 ans, ce qui les met à 80 ans de l'époque où nous sommes.

« Les drapiers, dit-il, étaient nombreux dans
« notre ville; ils y jouissaient d'une réputation
« d'honnêteté bien méritée. Les maisons qui se
« livraient à ce commerce étaient généralement
« très anciennes.

« On citait, au siècle dernier, (XVIIIᵉ) parmi
« les plus honorables maisons de draperies, celle
« d'Alexis Rostand, établie à la Grand'Rue, dont
« le chef fut appelé, avant 1789, à siéger au
« Conseil de ville et dont la famille a fourni à
« notre cité plusieurs générations d'hommes qui se
« sont distingués et se distinguent encore dans le
« négoce, la banque, l'administration, la juridic-
« tion consulaire et la représentation commerciale.»

A ces branches de l'activité humaine, où se
sont illustrés les Rostand, M. Mathieu ajouterait
aujourd'hui l'étude des questions sociales, qui
mena Eugène Rostand à l'Institut et la poésie lyri-
que, avec Edmond Rostand, gloire et panache de
sa famille et du pays.

« La maison Guigou dont le siège est à la
« place aux Œufs, était non moins ancienne et a
« été le fondement de la fortune d'une de nos
« plus honorables familles qui a compté un prélat
« parmi ses membres... La maison Valette a
« disparu, mais ses fils se sont fait une place hono-
« rable dans le commerce des laines et le courtage.

« Il en a été de même de la maison Lagarde
« frères, qui exista pendant de longues années
« sur la Canebière, au local actuellement occupé
« par le bureau de ville du chemin de fer. » Cette
maison était la plus importante de toutes.

« Aujourd'hui, en 1879, les principales sont
« celles de M. Labadie, député des Bouches-du-
« Rhône dont les relations avec l'intérieur et
« l'étranger sont très étendues, celles de MM.
« Gaspard Signoret et fils, et de MM. Bastide et
« Pinchon. »

J'ai connu le vénérable M. Gaspard Signoret. Il siégeait au Tribunal de Commerce, lors de l'arrestation du Tribunal Correctionnel. Je le vois encore, rouge d'émotion, raconter à mes parents l'incident qu'il venait d'apprendre : « Nous avons, immédiatement, levé l'audience en signe de protestation, et nous irons, en corps, demander la mise en liberté de nos collègues, si elle n'est pas immédiatement ordonnée. »

Ce digne homme était le grand'père de M⁰ Charles Signoret et de M⁰ Joseph Signoret, les honorables avoués près notre Tribunal.

Les confectionneurs de vêtements s'approvisionnaient, naturellement, chez ces négociants en draps, et mon père a été un des premiers, qui se soient établis à Marseille :

« Le commerce des habillements confectionnés
« a pris, à Marseille, depuis 40 ans, un développe-
« ment considérable. Avant l'établisement dans
« notre ville, par MM. Lachamp, Corticchiato,
« Verduron, Roux, Terrasson, Caire, Casimir et
« Fils, Villaret et autres, des premières maisons de
« ce genre, à l'instar de Paris, les ouvriers, les
« paysans des environs et les étrangers avaient
« la coutume de se pourvoir de vêtements confec-
« tionnés chez les anciens chaussetiers de Mar-
« seille, dont l'industrie était groupée dans la rue
« Belsunce et la partie de la Grand'Rue qui
« l'avoisine. Les bourgeois, les négociants et les
« gens des hautes classe résistèrent longtemps, à
« Marseille, avant d'acheter des vêtements chez ce
« qu'on nommait pittoresquement les pendus. »

Parmi ces tailleurs, l'un donna son nom, à un coin riant de la banlieue marseillaise, devenu village par le morcellement de sa propriété « Le Verduron ». Un autre (c'est pas mon père !) devait avoir pour petite, ou arrière petite-fille, une étoile célèbre de music-hall, amie de roi, au dire des feuilles !

Les bureaux du chemin de fer n'occupent plus aujourd'hui les anciens magasins de la maison Lagarde. Une banque anglaise et une compagnie de navigation japonaise les ont remplacés dans le superbe immeuble, qui va, en façade sur la Canebière, de la place de la Bourse à la rue Beauvau.

C'est là que mon père connut, sous Louis-Philippe, M. Lagarde, père de MM. Louis et Antoine Lagarde. L'aîné, M. Louis, était alors adjoint au maire. Il ne dédaignait pas de s'arrêter quelques fois, dans l'atelier du client de son père, et il voyait, en bonne place, le portrait du prince Louis-Napoléon, alors prisonnier à Ham.

La conversation d'affaires aboutissait généralement à une discussion politique, dont les idées napoléoniennes faisaient tous les frais. L'adjoint au maire de Louis-Philippe était mûr pour être maire sous Napoléon III.

XVI

LE COMITÉ BONAPARTISTE

Je suis obligé, à mon grand regret, d'abandonner les plus belles années de la vie de ces
hommes si sympathiques, pour les retrouver à leur
déclin, en 1870, dans ce coin du magasin de mon
père, où ils se réunissaient tous les jours.

Ils formaient là un véritable comité qui,
pendant plusieurs années, a exercé une influence
plus grande et plus étendue, qu'on ne l'a su, et qui
aurait pu l'être bien davantage, si.....

Le grand chef était M. Louis Lagarde. Son
frère, Antoine, avait pour lui, une telle admiration,
qu'il en économisait la peine d'avoir des idées
personnelles. Non, certes, qu'il en fût incapable,
mais à quoi bon quand on a un frère pareil ? Sa
vie se partageait entre deux passions : la salle
d'armes, et sa campagne de la Rose, la « Verdière ». Engagiez-vous la conversation sur un de ses
deux sujets favoris ? il ne tarissait plus. Avec sa
canne, qu'il ne quittait jamais, il traçait dans l'air
des « contre » à tenir dans un anneau de mariée;

ou bien, il énumérait les essences rares, les arbres, venus des pays le plus lointains et dont il possédait des spécimens uniques.. Cette campagne de la « Verdière » était bien connue des membres du Comité. Ils y étaient invités, assez fréquemment, en des agapes, d'où la politique n'excluait pas la bonne chère.

Elle avait pour rivale, à ce point de vue, la « Cadenelle », à M. Bec. Beau-frère du poète Autran, de l'Académie Française, M. Bec, aimable et sensuel, voyait la poésie, dans la joie de vivre, plus que dans l'imagination des poètes. Il avait appartenu à la maison du prince Napoléon, et touché, je crois, à la diplomatie. Bien qu'il n'ait pas été l'un des modèles du tableau de Couture, je le vois très bien figurant un épicurien dans la « Fête Romaine ». Son front est couronné de roses ; son teint légèrement rubicond, comme s'il avait été frotté de falerne par une nymphe rieuse. Quai d'Orsay, ou au Palais Royal, il dut être un fonctionnaire fin et avisé, sous une rondeur bonhomme. A la « Cadenelle », comme à la « Verdière », on mangeait bien, on buvait ferme et on questionnait le général G. V. sur les chances d'une restauration impériale, par l'armée. Le général était, à ce point de vue, le contraire d'un pessimiste. Sans nous dissimuler les difficultés de l'entreprise, il nous donnait des renseignements qui eussent été de la plus grande utilité si...

Hélas ! il devait cruellement nous désillusionner dans la suite. — Quand il ne crut plus à un changement de régime, décidé, sans doute, à réussir par la politique, il devint républicain ! Nous ne fûmes pas très fiers de l'avoir eu pour coreligionnaire et pour commensal, quand quelques années après nous lûmes dans les journaux le récit des opérations stratégiques (?), qui, sous sa haute direction, aboutirent à la prise d'une abbaye, bien connue dans notre Midi... L'éclat de rire qui salua cette victoire, ne s'arrêta pas au terroir d'Arles et de Tarascon.

Les bons Français qui se réunissaient ainsi n'étaient mus par aucune pensée d'intérêt personnel; impérialistes par raison, ils pensaient que la doctrine napoléonienne, après avoir tiré la France de l'anarchie révolutionnaire, sous Napoléon Ier, avait montré, par la prospérité glorieuse du règne de Napoléon III, son adaptation tutélaire aux œuvres de paix.

Il fallait entendre parler des idées de Napoléon III, et de son socialisme prévoyant, un homme d'origine modeste, que sa connaissance des questions sociales avait fait président du Grand Conseil des Société de Secours Mutuels, de notre ville, sous le Second Empire.

M. Laugier avait conservé, du temps de sa jeunesse, une tête absolument Louis-Philippesque. Il portait le toupet et les favoris; il avait la lèvre et le menton rasés, son bonapartisme n'en souffrait pas. D'avoir étudié Proudhon et son « mutuellisme », de l'avoir confronté avec Bastiat, il avait eu, pendant quelques temps, au moins, des idées dont la générosité s'entachait d'utopie.

« C'est l'Empereur, déclarait-il, qui m'a ramené dans le bon sens, c'est lui qui m'a fait comprendre les possibilités de notre époque, et qui m'a fait mutualiste, tel que je le suis aujourd'hui. Il m'a décoré de sa main ; c'est moi qui aurais dû pouvoir le décorer... mais il n'existe pas de décoration digne d'un homme comme lui ! »

Voilà ce qu'entendaient les compatriotes qui fréquentaient notre maison et c'était un baume pour leur cœur, ulcéré par les avanies du 4 Septembre.

Je suis effrayé par la constatation de ce que peuvent des mensonges réitérés contre ce qui me paraît être l'évidence elle-même : Napoléon III était un homme pratique et de réalisation; la légende, non combattue, fait de lui un rêveur, pour tous les esprits superficiels, et ils sont légion ! Quant aux gens de parti pris, il est inutile de s'en occuper.

Je m'arrête, à mon grand regret; j'écrirais des pages et des pages; que deviendrait mon sujet ?

*
* *

Pourtant, sur le prestige de Napoléon III à Marseille, j'ai un souvenir personnel, que son caractère local m'excusera de citer ici.

Au cours de recherches dans les archives, très intéressantes, de la Société des Portefaix de Marseille, en vue d'une notice, que j'ai eu le plaisir d'écrire, sur les traditions de cette vieille société, mon attention fut attirée par une espèce d'autel, situé dans le fond de la salle et qu'un rideau dérobait à ma vue. Très curieux par naturel, et toute la salle ayant été mise à ma disposition, je ne crus pas commettre une indiscrétion, en allant tirer le rideau. Je vis deux colonnes de marbre, encadrant un soubassement, sur lequel une plaque contenait une inscription en lettres d'or. Le tout était terminé par un fronton triangulaire qui rappelait la façade d'un temple grec, en petit. Quelle ne fut pas ma surprise en constatant que l'inscription commémorait des paroles, adressées par l'Empereur Napoléon III à une délégation de la Société des Portefaix !

Le Souverain, qui avait signé le décret accordant sa concession à la Compagnie des Docks, avait, en même temps, expliqué aux portefaix de Marseille, le parallélisme et la concurrence de leurs droits; il leur avait promis sa protection.

Ces explications avaient été telles que nos portefaix, dans leur enthousiasme, avaient gravé, sur un autel de marbre, les paroles de l'Empereur! Qu'ont-ils fait pour le défendre ? Ils étaient, sans doute, dans la rue au Quatre-Septembre; et s'ils n'ont pas brisé eux-mêmes, sa statue de la Bourse, ils en ont laissé, au moins, traîner la tête dans le ruisseau.

Je me permets de leur demander ce que la ploutocratie républicaine a fait de la liberté des quais, et comment elle a tenu, vis-à-vis d'eux, les promesses impériales ?

Ce qu'ils ont fait, probablement eux-mêmes de la superbe plaque de marbre que j'ai vue, de mes yeux, et qui ornait leur ancien local des environs de la place Thiars.....

. A côté de doctrinaires, comme M. Laugier, le Comité comptait aussi des hommes d'action, dont un des meilleurs était M. Volcy Boze. Celui-là avait le type du Ratapoil classique. Grand, il portait toujours un chapeau haut de forme, à bords plats, la longue redingote noire et un gourdin à la main. Pour que la ressemblance physique fût à la hauteur du costume, sous un grand nez, en bec d'aigle, il avait une grosse moustache, et au menton l' « impériale » révélatrice. Personne n'eût pu se méprendre sur ses opinions politiques.

S'arrêter à cette description serait méconnaître ce grand honnête homme. Issu d'une famille aristocratique, qui avait droit à la particule, il avait été élevé comme je l'ai déjà dit, à Sainte-Barbe, où il eut pour condisciple le futur préfet des Bouches-du-Rhône, M. Levert. Des revers de fortune atteignirent sa famille; son frère Honoré se fit peintre; et les arts y ont gagné. Lui, accepta des emplois modestes. Il était, quand je l'ai connu, attaché au Secrétariat de la Compagnie du Gaz.

Jamais on ne vit employé n'ayant que ses appointements pour vivre, avoir mise plus soignée, propreté plus méticuleuse. Les hauts scrupules d'une conscience, jalouse sur le point d'honneur, complétaient cet ensemble du parfait galant homme.

Je ne puis présenter à mes lecteurs tous les amis qui, fréquentant ma maison, faisaient, virtuellement, partie du Comité. L'un d'eux, tant sa place fut grande à Marseille et dans notre affection, le médecin-inspecteur général Levié aura un chapitre spécial; ce sera quand je m'occuperai des médecins corses

De mes camarades personnels, mon ami Eugène Mirtil, plus âgé que nous de quelques années, tenait sa place parmi les hommes mûrs que réunissaient leurs tendances politiques. Sa famille était, d'ailleurs, connue et estimée de tous ces Messieurs, car son magasin de la rue de la Darse avait la clientèle des vieilles familles marseillaises. Avec lui nous organisâmes quelques manifestations juvéniles, dans les théâtres, quand une pièce militaire ou autre, nous en donnait l'occasion. Je me rapelle une représentation du « Vieux Caporal », je crois, donnée au Théâtre, aujourd'hui disparu, des Bouffes, du cours du Chapitre. Au tapage que nous faisions, un individu crut nous accabler en nous criant : « Et Sedan ? » Du tac au tac, nous lui répondîmes : « Vous n'y étiez pas vous à Sedan ! ». A son embarras nous comprîmes qu'il n'avait pas pris part à la guerre et nous le conspuâmes de la belle façon.

Banquier, maintenant, à Paris, mon cher Mirtil garde, au milieu de ses grandes affaires, le cœur et les idées qu'il avait à vingt ans.

XVII

M. FRANCESCHINI-PIETRI

LE RETOUR DES CENDRES DE PAOLI

Le Comité était en relations suivies avec Paris. et Chislehurst. Il n'avait pas besoin, pour cela, de solliciter des instructions; elles se présentaient, d'elles-mêmes, par correspondances, journaux,. etc., ou apportées par « Missi dominici ».

Le plus important de tous fut M. Franceschini-Pietri. En 1872 l'Impératrice l'envoya soutenir, à Ajaccio, la candidature du prince Charles Bonaparte contre celle du prince Napoléon. Je m'abstiendrai de juger cette tactique, sans me priver,. pour cela, de constater que cette désunion entre Bonapartes, réjouissait les ennemis de l'Empire.

S'inspirant sans doute de cette boutade d'un géographe humoriste que Marseille est la première ville de Corse et la septième de l'Italie, M. Franceschini-Pietri commença, par notre ville, sa tournée électorale. Il vit chez mon père tous nos amis et nombre de compatriotes. L'opinion unanime fut qu'il y avait lieu d'obéir aux directions de l'impératrice et chacun, dans sa sphère, agit dans. ce sens.

Le prince Charles Bonaparte fut élu et le prince Napoléon, qui avait été l'idole de la Corse pour, qui, en 1848, les insulaires avaient chanté avec tant d'ardeur : « Les exilés sont de retour ! » le fils du roi Jérôme quitta, profondément ulcéré, le pays dont, pendant toute la durée de l'Empire il avait été le protecteur dévoué autant que désintéressé.

J'eus l'occasion de revoir M. Franceschini-Pietri et de faire la connaissance du prince Charles Bonaparte dans des circonstances qui peuvent intéresser mes lecteurs.

C'est au transfert des cendres de Paoli que je revis M. Franceschini-Pietri ; je l'eus sous les yeux pendant toute la durée du convoi et j'ai été émpêché de lui parler par ce malencontreux « figlio doou vescovo », dont j'ai parlé à propos des Corses républicains.

Grâce à ses relations avec la cour d'Angleterre, M. Pietri avait pu obtenir du gouvernement anglais qu'il rendît à la Corse les cendres de Paoli. En 1889 ces restes précieux furent exhumés de l'abbaye de Wesminster où ils reposaient au milieu des grands hommes de l'Angleterre et lui furent confiés.

Avec un zèle pieux, celui à qui revenait tout l'honneur de cette translation les accompagna jusque dans l'île.

Nous allâmes, en grand nombre, les recevoir à la gare. Je voulus aborder le secrétaire de l'impératrice. Impossible ! Le compatriote que j'appellerai désormais « l'Indésirable », l'entretenait avec volubilité. — « Attendons un meilleur moment », me dis-je.

Le cortège se forma à la mode corse qui surprit beaucoup les passants. Au lieu de se ranger par quatre ou cinq de front, en files indiennes, comme cela se passe sur le continent, les compatriotes se groupèrent, en masse compacte, autour du char. En tête, deux hommes portaient un énorme drapeau à deux hampes, blanc, à la tête de Maure. A droite, le drapeau de la Société de Secours Mutuels, « La Corse » de Marseille, en mains d'un sociétaire à la poitrine constellée de médailles. A gauche, les drapeaux des cercles « Général Paoli » et « Union et Fraternité Corses » de Toulon. Immédiatement après, un poële tenu par MM. Filipi, avocat, président de « La Corse »; Botti de Martinetti, commandants Terrazzoni et Guerrieri et capitaines d'Ortoli et Mancini. Le corbillard était comme serti dans la foule. Il était surmonté de couronnes, parmi lesquelles on remarquait celle qui avait été offerte à Londres par l'impératrice Eugénie, celles des cercles de Toulon et des Corses de Marseille. M. Francschini-Pietri le suivait. A la hauteur de la maison de mon père, dont les fenêtres étaient noires de monde, je crus le moment opportun pour lui parler... Peine perdue, l'Indésirable ne l'avait pas quitté d'une semelle; c'était énervant : « Pourquoi, me dira-t-on, vous gêner à cause de cet individu ? » Parce que j'aurais voulu obtenir du compagnon d'exil de la famille impériale autre chose que des paroles banales et qu'il y aurait eu quelque imprudence à en provoquer d'autres devant lui !

Le convoi suivit la ligne des quais pour satisfaire les bateaux corses qui avaient sollicité

l'honneur de saluer la dépouille du général.
Quand elle passa devant eux les pavillons s'abat-
tirent lentement, et se relevant par trois fois,
adressèrent les derniers saluts à celui qui avait
mérité d'être appelé le Père de la Patrie.

L'Indésirable, toujours aux côtés de M. Pietri,
lui montrait les charbonniers en exaltant leur
patriotisme. J'avais envie d'intervenir brutalement
et de lui crier : « Mais vos amis politiques ont
envahi ces bateaux: ils ont voulu mettre à mal
leurs équipages ! Quel double jeu jouez-vous en
ce moment ? » Je ne voulus pas troubler cette
union sacrée devant un cercueil et m'abstins; j'eus
peut-être tort. Mon excuse est que j'espérais prendre ma revanche une fois à bord. Il n'en fut rien
et cet homme implacable n'abandonna pas sa
victime, même au seuil de sa cabine! Arrivé sur
le bateau, je demandais à un officier de ma
connaissance si M. Franceschini-Pietri était seul?»
« Non, me répondit-il, M. X... est avec lui ».
L'Indésirable, je ne le mis pas en doute, avait
préparé son plan : « Ou les Bonapartistes, s'était-
il dit, ne parleront avec Pietri que de Paoli et de
l'état de la mer, ou j'entendrai ce qu'ils diront ».
Soit que M. Pietri ne sut pas à qui il avait affaire,
soit qu'il fût déjà entré dans cet état d'indiffé-
rence politique, ou la vieille impératrice a trop
semblé se complaire, le plan ne fut pas déjoué...
L'impératrice Eugénie aurait-elle réellement dit :
« L'Empire est mort avec mon fils ? » Espérons
qu'il en est de ce mot comme de celui que lui
prêtent certains manuels scolaires : « Cette guerre
est ma guerre ! » et qu'elle est aussi innocente de
l'un que de l'autre.

XVIII

LE PRINCE CHARLES BONAPARTE

Avec le prince Charles je fus plus heureux.
La veille d'une session du Conseil général de la
Corse, mon père reçut de Paris, sous enveloppe
à son nom, une lettre cachetée à l'adresse :

Prince Napoléon Charles-Bonaparte

Hôtel des Colonies

Marseille

Je demandai et obtins la permission de la
porter moi-même. « Le prince est à l'hôtel, me dit
le concierge, mais il est avec quelqu'un ». « J'atten-
drai, répondis-je ». J'attendis, et quelle ne fut pas
ma surprise au bout d'une demi-heure de voir le
prince sortir de son appartement, en tenant dans
ses mains celles du général Saussier qui commandait alors une brigade à Marseille. Comme on
croit facilement ce qu'on désire, je voyais déjà ce
général républicain conspirant pour le rétablissement de l'Empire avec un Bonaparte ! La vérité,
telle que je la connus plus tard, dissipa, hélas ! ma
juvénile illusion.

Le prince me reçut d'abord assez froidement. Pendant qu'il ouvrait la lettre je tremblais qu'il me demandât s'il y avait une réponse ! Je fus vite rassuré. A peine en eût-il lu quelques lignes, qu'il m'invita à m'asseoir et m'en donna l'exemple.

« Cette lettre me fait plaisir », daigna-t-il me dire, et à ce qu'il ajouta sur la Corse, sur le Conseil Général, sur la politique, je compris, bien qu'il parlât en termes généraux, que je lui avais apporté des instructions de nature à faciliter sa tâche.

« Si je passe par Marseille à mon retour, ajouta-t-il, en me raccompagnant, j'aurai sans doute l'occasion de vous revoir ».

« J'en serai très heureux, Monseigneur ! » Je n'ai pas revu le prince ; j'en conclus qu'il était retourné à Rome par Bastia et Livourne.

Mais je n'en oubliais pas pour cela la visite du général Saussier ! Qu'avaient-ils pu se dire ? D'où venait leur intimité ?

Des causes les plus honorables pour l'un comme pour l'autre.

Le Prince avait fait la campagne de 1870, en qualité de chef de bataillon, sous les ordres du colonel Saussier. Envoyés en captivité, ils étaient prisonniers dans une petite ville d'Allemagne, gouvernée par un général, ennemi héréditaire de notre pays. A propos de l'évasion de deux de nos officiers, ce reître fit paraître un ordre du jour, nettement injurieux pour l'armée française. L'émoi fut grand parmi les prisonniers. Qui répondrait à ce hobereau ? Aucun des Français présents n'était son égal en grade. Le colonel

Saussier voulait bien; mais ses camarades l'en empêchaient; dans ce pays de hiérarchie, une provocation de colonel à général, eût été une imprudence dangereuse. C'est alors que le chef de bataillon Bonaparte se rappela son nom et son rang.

« La Prusse, dit-il à ses camarades, traite toujours l'Empereur, mon cousin,. comme le Souverain légitime de notre pays. Je suis donc, pour elle, Altesse et Prince français. A ce titre, je vais provoquer le général. Il n'osera pas, j'espère, invoquer son grade, quand j'oublierai mon rang pour me battre avec lui ! »

« Bravo, Prince, s'écrièrent nos officiers, vous êtes digne de votre nom et de notre pays ! » Et le Prince envoya un cartel au général, dont je regrette de ne pouvoir reproduire les termes, mais dont je me rappelle la dernière phrase : « Vous n'oserez pas, je pense, prétendre que votre grandeur vous attache au rivage, quand je signe : Prince Charles Bonaparte. »

Le Boche, ils étaient déjà Boches en 1870, osa parfaitement. Il fit enfermer le Prince dans une forteresse, avec factionnaire à sa porte !

Une intervention personnelle de Napoléon III, auprès du vieux Guillaume, fut nécessaire pour le faire mettre en liberté, quand la paix fut signée.

L'amitié du général Saussier se justifiait donc par les motifs les plus nobles, et on comprend qu'il se soit précipité, le sachant de passage, dans les bras de son ancien subordonné.

Quand le Prince Charles mourut, il fut, selon ses dernières volontés, transféré de Rome à

Ajaccio, pour y dormir son dernier sommeil, à côté de sa grand'mère, Lœtitia, *mater regum*.

Touchés des manifestations de sympathie de l'unanimité des Ajacciens, en dehors de toute question politique, ses beaux-fils, le Prince de la Moskowa et le comte Gotti adressèrent à la population, une proclamation dans laquelle ils lui disaient : « Ajacciens, si vous aimez les Bonapartes, les Bonapartes vous aiment ! »

*
* *

Le prince défunt était frère du cardinal Bonaparte, dont je n'aurais pas à citer le nom, s'il n'avait été le héros, dans notre ville, d'une petite aventure de sacristie, peu à l'honneur, je suis obligé de le dire, de certains prêtres de la Cathédrale. Le Cardinal eut l'idée d'aller dire sa Messe à Saint-Martin. Il se nomma ; et immédiatement, tous les prêtres présents s'éclipsèrent. Le bedeau restait seul pour servir la messe de ce prince de l'Eglise, quand un prêtre habitué vint prendre son service. Mis au courant de l'incident, il se précipita aux pieds du Cardinal :

— Monseigneur, c'est moi qui aurai l'insigne honneur de servir la messe de Votre Eminence.

— Merci, mon fils, dit le Cardinal, comme s'il n'avait rien remarqué.

Un peu honteux de la leçon donnée, les prêtres revinrent un à un, et même, ils occupèrent leurs stalles pendant la fin de l'office divin. Que sous la Restauration, pareille aventure fût arrivée au cardinal Fesch, on se l'expliquerait à la rigueur; mais après la loi Falloux, après Mentana, c'était pure démence.

Quand le pauvre prêtre habitué raccompagna le Cardinal, avec force révérences, celui-ci, lui ayant demandé son nom et son pays, lui dit : « Vous êtes Corse, mon fils, je vous bénis, vous et notre cher pays. »

XIX

LES MEDECINS

Ces déclarations solennelles de l'affection des Bonapartes pour les Corses étaient vraies, surtout au temps du Prince Impérial.

J'en choisis une preuve dans un agréable incident de voyage, survenu à un médecin notre compatriote, et qui me revient en mémoire; sans doute parce que je vais m'occuper des Corses qui exerçaient la médecine à Marseille, vers 1870 et peu après.

Celui dont je vais parler, parce que l'ayant annoncé, je ne puis retarder plus longtemps sa présentation, était le docteur Leccia, médecin à bord des Messageries Maritimes.

Il entretenait les relations les plus cordiales avec de grandes familles de notre ville, notamment celle de M. Régis, dont le petits-fils, mon ami Louis Régis, conseiller général, est un grand ami des Corses, à qui il est toujours très heureux de pouvoir rendre service.

La prospérité de la Compagnie des Messageries, de fondation impériale, et qu'administraient alors, avec tant de succès, les hommes du Second Empire, M. Armand Béhic à leur tête, profitait à ses médecins qui avaient l'occasion de soigner à leurs bords, la clientèle la plus riche de l'Extrême-Orient. Aussi le docteur Leccia pouvait-il, pendant les vacances, villégiaturer en bourgeois cossu.

Il se reposait, un jour, sur les bords du lac de Constance, quand il apprit, par les journaux, l'arrivée au château d'Arenenberg de l'Impératrice et du Prince Impérial.

La tentation le prit, irrésistible, de faire leur connaissance. Alors, sans plus de cérémonie, il écrivit, sur sa carte de visite, dont il n'avait pas modifié l'ancien libellé :

LE DOCTEUR LECCIA

MÉDECIN A BORD DES MESSAGERIES IMPÉRIALES

« sollicite d'honneur de présenter ses hommages à Sa Majesté l'Impératrice et à son futur Empereur. »

A dire le vrai, il ne s'attendait pas à beaucoup plus, qu'à serrer la main du Prince, à saluer l'Impératrice, au cours d'une de ses promenades dans le parc, et, peut-être aussi, à visiter le château.

Aussi, quelle ne fut pas sa surprise, en trouvant, le lendemain, à son hôtel, une carte du chambellan de service, l'invitant, d'ordre de Sa Majesté, à venir prendre une tasse de thé au château, le...

Un nuage, dû à l'émotion, passa devant ses yeux ; il les frotta, mais il n'y avait pas à s'y tromper; il était bel et bien invité à prendre une tasse de thé.

Ici, je ne puis mieux faire que lui laisser la parole et répéter, je crois, mot par mot, ce que je l'ai entendu raconter à mon père : « Aimez-vous le sucre, docteur ? » me dit l'Impératrice.

« Oui... Non... comme Votre Majesté voudra; mais Votre Majesté ne va pas me servir elle-même » ?

« Avec le plus grand plaisir, Docteur ! »
« Et de sa main, mon cher, Elle a sucré ma tasse de thé, à moi, le pauvre docteur Leccia ! Quelle simplicité, quelle bonté ! »

« L'Impératrice se rappelle, lui dit mon père, les preuves de fidélité que lui a prodiguées notre pays. »

« Vous ne savez encore rien, mon bon ami ; retenez-vous pour ne pas pleurer. »

« Pour ne pas pleurer ? », dit mon père intrigué.

« Oui, pour ne pas pleurer ! Au cours de la conversation, quelques minutés avant mon départ, le Prince Impérial m'a dit : « Docteur, puisque vous êtes Corse, et que vous habitez Marseille, vous devez connaître, sans doute, un de vos compatriotes, qui habite sur la Canebière, et qui m'est très dévoué, M. Corticchiato ? »

« Si je le connais, Monseigneur, mais c'est un de mes bons amis; quelle joie pour lui, quel bonheur, quand il saura que Votre Altesse m'a parlé de lui ! »

« Je sais ce qu'il a fait pour moi et pour ma cause; dites lui qu'il peut compter sur moi, comme je compte sur lui. »

Et ce qu'avait prévu le docteur Leccia se produisit ; mon père se mit à pleurer, le docteur aussi ; ils tombèrent dans les bras l'un de l'autre, et je n'ai jamais rien vu de plus touchant que le spectacle de ces deux vieillards, qu'un sentiment aussi pur, et aussi désintéressé émouvait à ce point.

Qu'avait fait le Prince Impérial pour provoquer une reconnaissance qui ne devait s'éteindre qu'avec leur vie ? Il avait dit quelques mots !

Cette monnaie coûte aux Princes encore moins qu'un assignat aux républiques et j'ai le regret de dire qu'ils ne savent même plus s'en servir.

****

Nombre de nos compatriotes avaient pour médecin le docteur Serra. Ce n'était pas un prince de la science ; il ne s'était pas spécialisé, comme c'est la mode, de nos jours, dans telle ou telle branche de l'art médical. Son rôle n'en était pas moins utile. Il prévenait les maladies. Pénétré de l'importance de l'hygiène, il visitait ses clients quand ils étaient en bonne santé. Ayant avec eux des rapports familiaux, il arrivait à l'improviste pendant les repas, voyait ce qu'on mangeait et se faisait rendre compte des menus habituels. Sa critique était nette, précise, s'appliquait à chacun des membres de la famille, et selon le cas, il réglait leur alimentation, comme il aurait rédigé une ordonnance.

Ces visites se répétaient une demi-douzaine de fois par an, et il les faisait bien payer. Heureu-

:sement pour lui car, grâce à sa méthode, ses clients étaient très rarement malades.

Ce bon médecin n'avait pas d'enfant. Les aimant, sans doute, il avait adopté un neveu de sa femme, qu'il élevait comme son fils.

Ici, le détail devient piquant, Mme Serra était allemande. Qu'on n'aille pas apprécier le mariage de notre compatriote, avec nos idées d'hommes qui ont vu la guerre de 1914 après celle de 1870.Quand le docteur Serra épousa Fraülein... X... nombre de jeunes Français se laissaient bercer au souvenir de l'Allemagne de Weimar. Gœthe, en grande faveur était dans toutes les mémoires. Henri Heine, prussien libéré, trouvait en France, une seconde patrie.

Personne, à l'époque où il le fit, n'eût songé à reprocher au docteur Serra de prendre un jeune Allemand pour fils adoptif.

L'éducation qu'il lui donna fut telle d'ailleurs, que même en 1920, après la grande et horrible guerre, on ne peut que l'en féliciter.

Trouvera-t-on que j'exagère quand j'aurai raconté que Charles Hacks, en 1870, s'enrôla, volontairement, dans notre armée; qu'il se battit comme un lion, à la bataille de Dijon, et qu'il y fut porté à l'ordre du jour de son régiment ?

Plus tard, il apprit qu'un gros d'Allemands, contre lequel il avait chargé, était une fraction du régiment de son frère, et qu'ils avaient failli se rencontrer dans un corps à corps ! « Ce serait à refaire, que je le referais, dit-il quand il l'apprit; mon frère et moi avons fait notre devoir; lui, pour son pays, moi pour le mien; car nous n'avons plus le même ! »

La guerre terminée, il reprit ses études de médecine dans l'intention de succéder à son oncle; mais son caractère aventureux ne devait pas se complaire à la pratique tranquille d'une vie sédentaire. Il resta, cependant, assez longtemps, dans notre ville, pour avoir l'occasion de se signaler par son dévouement, dans un comité de secours, aux malades du choléra, pendant la première attaque de cette épidémie après 1870. Les habitants de Menpenti lui en furent reconnaissants au point qu'ils voulaient faire de lui un homme politique. Mais les opinions que lui avaient inculquées le docteur Serra, en même temps que l'amour de la France, étaient trop éloignées de celles des socialistes de la Capelette, pour qu'il pût accepter de les représenter. Il obtint des missions scientifiques dans l'Extrême-Orient. J'ignore s'il en est revenu.

Charles Hacks était un garçon enthousiaste et loyal. J'ai vécu avec lui de bonnes années de notre jeunesse, et en ai gardé le meilleur souvenir.

Si plusieurs cas, pareils au sien, venaient à être rapportés, il faudrait évidemment en conclure que le Boche, pris tout petit, est susceptible d'éducation. Il serait téméraire de l'affirmer d'après un cas isolé.

*
* *

Notre Ecole de Médecine comptait, parmi ses professeurs les plus réputés, le docteur Bartoli. Il préludait, par l'enseignement de la chirurgie, aux succès retentissants que la pratique de cet art périlleux devait procurer, par la suite, aux Pantaloni, aux Acquaviva, à d'autres, vivants encore, qui ont assuré aux médecins corses, dans notre ville, une si légitime considération. Je ne l'ai pas connu personnellement; ce que j'en vais raconter, est par ouï dire.

Le docteur Bartoli était un homme grand et fort; signe particulier : républicain. Si je ne l'ai pas signalé au début de ces souvenirs, c'est qu'il ne fit pas, à Marseille, de politique militante. Ses opinions mêmes y eussent été peu connues, s'il ne s'était un jour querellé, m'a-t-on raconté, avec un de ses confrères, le docteur Coste, chirurgien aussi éminent que bonapartiste notoire. La cause en fut une discussion sur la mort de Napoléon III.

Le bonapartiste marseillais tempêtait contre l'imprudence et la maladresse des chirurgiens anglais qui avaient opéré l'Empereur. Chose, à mon avis, regrettable, le républicain corse prenait la défense des médecins anglais. Comme ils étaient très vifs tous les deux ils faillirent en venir aux mains.

Bartoli ne resta pas à Marseille. Il fut un des premiers élus républicains de la Corse. J'ignore ce qu'il fit à la Chambre, pas grand'chose, probablement, mais cela le distingue-t-il beaucoup de la plupart de ceux qui l'ont précédé ou de ceux qui l'ont suivi ?

XX

LE MEDECIN INSPECTEUR LEVIÉ
LE VŒU DE MADAME LEVIÉ
LA PROCESSION DE LA BONNE MERE

———

L'éclat le plus grand de la médecine corse, à Marseille, devait lui venir autant de la science éprouvée du docteur Levié, que de son grade dans l'armée. Il fut le premier médecin-inspecteur, en résidence dans notre ville. La place, qu'il y tint, fut considérable. Notre grand monde fit à ce gentilhomme accompli l'accueil le plus flatteur. Sa tête de médaille romaine, l'élégance et la distinction de ses manières rehaussaient le ton des meilleurs salons. Au cercle des Phocéens, sa conversation était des plus recherchées; il y était très entouré.

C'est en 1873, qu'il arriva dans notre ville, précédé par une réputation de bonapartiste avéré. Elle ne pouvait lui porter tort dans la haute société marseillaise, parmi ces grands commerçants, que S. S. Léon XIII, regrettable précurseur du Comité Mascuraud, n'avait pas encore ralliés à la République, parmi ceux à qui François Coppée avait dédié ce quatrain :

« *On m'a dit: On ne sait qu'une chose à Marseille,*

« *Que deux et deux font quatre et trois et trois*
[*font six.*

« *Non ! Pour toute œuvre d'art ce peuple s'émer-*
[*veille*

« *Ce sont des marchands ? Soit ! Comme les*
[*Médicis.* »

L'autographe de ce quatrain, écrit par le poète au dos d'un menu du banquet qui lui fut offert par le Cercle Artistique, appartient aujourd'hui à mon ami J.-B. Samat, l'érudit et sympathique Directeur du *Petit Marseillais*.

Certains bruits romanesques l'avaient précédé. N'avait-il pas dû quitter Paris, sous un déguisement, pendant qu'un ami dévoué brûlait des papiers compromettants ? Les Parisiens, plus que nous, qui avons tout ignoré, ont été près du rétablissement de l'Empire.

Sa carrière militaire avait été telle qu'elle l'imposait à l'avancement. Le sien fut des plus brillants. Après les campagnes du second Empire, dont il portait les médailles, il fît une grande partie de sa carrière en Algérie. C'est à Sidi-bel-Abbès, qu'il connut le général Chanzy, bientôt, pour lui, un ami, un frère par le cœur. Quand il quitta cette ville, où sa vaillance avait eu l'occasion d'égaler sa science, les colons et les militaires se réunirent pour lui offrir, hommage rarement rendu à un médecin, une épée d'honneur !

Les plus hauts grades lui furent décernés à Marseille, conquis de haute lutte : l'hôpital de la rue de Lodi, transformé de fond en comble, la création de Porquerolles et de Port-Cros ; tant d'œuvres personnelles durables, lui créèrent des droits à inspecter celles des autres. Il reçut les étoiles de médecin-inspecteur et la Croix de Commandeur.

Un grand chagrin lui était pourtant réservé. Sa femme, si dévouée, qui était allée le rejoindre sur les champs de bataille d'Italie, s'éteignit lentement parmi nous, avant d'aller rendre le dernier soupir à Ajaccio, parmi les siens.

La longue maladie de cette patricienne corse, me rappelle un incident qui la mêla à une ancienne coutume marseillaise : la procesison de la Sainte-Vierge.

Les pénitents blancs allaient chercher en grande pompe, la statue de la bonne Mère, comme on l'appelle à Marseille, dans son sanctuaire de Notre-Dame de la Garde et la promenaient processionnellement dans les rues de la ville.

Devant chaque maison, presque à chaque pas, la statue s'arrêtait devant une petite table, recouverte d'une nappe blanche, sur laquelle ses parents tenaient en équilibre, une petite fille, vêtue de blanc, qui débitait un compliment à la sainte Vierge. Le compliment n'était pas toujours banal ; il contenait le plus souvent l'expression d'un vœu pour la réalisation du souhait le plus cher aux parents de l'enfant. L'offrande d'un cierge ou d'un bouquet accompagnait le compliment.

On comprend qu'à marcher de ce train, la procession devait être fort longue; effectivement, elle durait deux jours. Le soir, la sainte Vierge arrivait à l'Hôtel de Ville, où un reposoir l'attendait sous la loggia; elle y passait la nuit. Les poissonnières de la halle Vivaux veillaient à tour de rôle; les plus pieuses ne s'en allaient pas. Le chant des cantiques, les récitations du rosaire n'étaient interrompus que par les jurons, vertement réprimés par les bonnes femmes, de quelque ivrogne mal appris. La nuit se passait en prières. Quelquefois, dans l'ombre, loin de la clarté des bougies, une femme fardée s'agenouillait et priait, comme en cachette... puis... avec une ferveur angoissée d'être vue, elle retournait, sans oser lever les yeux, vers les rues voisines d'où elle venait.

Les honnêtes poissonnières laissaient passer la Madeleine sans aucune moquerie, comprenant sous leur rude écorce, l'angoisse morale, d'une minute, de la fille perdue.

Une année, ce fut un beau branle-bas : le Conseil Municipal républicain refusa de recevoir la sainte Vierge, à l'Hôtel de Ville. La Chambre de Commerce se réunit d'urgence et décida, à l'unanimité, de recevoir, à la Bourse, la Protectrice de Marseille. Le reposoir élevé fut fastueux, les poissonnières vinrent en grand nombre, continuer leur pieuse tradition; mais les bourgeoises du quartier tinrent à honneur de passer, elles aussi, la nuit en prières; la sainte Vierge, cette nuit-là, fut honorée en provençal et en français.

Ce conflit entre le Municipe et les marchands

n'évoque-t-il pas, avec le sang en moins, une vision de Florence, au temps des Guelfes et des Gibelins ?

* * *

Le lendemain, le repas de midi ne manquait pas de pittoresque. Pénitents, musiciens et fidèles, s'égrenaient dans les restaurants du voisinage, ou mangeaient un morceau sur le pouce, assis sur le trottoir.

A deux heures, la procession se reformait, les plus robustes des pénitents enlevaient la statue vénérée et lui faisaient parcourir les quartiers Sud de la ville, pour rentrer vers 5 heures, par l'ancien cours Bonaparte.

* * *

Cette procession était bien provençale; les tambourins et les instruments provençaux, dont on peut voir la collection au Musée du Vieux-Marseille, réjouissaient le cœur des bons Marseillais. Dans certains quartiers, nombreux étaient les compliments, en *patois* (pardon Colombon !); ils n'étaient pas les moins touchants.

Le moment le plus beau de la journée était l'arrivée à la Colline, vers le soir. Les bouquets avaient été offerts en si grand nombre que les participants à la procession ne suffisaient pas toujours à les porter. Hommes et femmes de bonne volonté, devaient se joindre à eux, pour les aider. Quand le cortège parvenait au sommet du boule-

.vard Gazzino, la foule était tellement dense qu'il fallait hisser les bouquets en l'air, les bras tendus, pour qu'ils ne fussent pas écrasés. Alors, sur la fourmilière des têtes, un long ruban de fleurs serpentait au milieu de l'allégresse et des acclamations, et la Vierge rentrait au Sanctuaire dans une apothéose de lumière, de fleurs et de joie !

***

C'est au cours de cette deuxième journée, qu'en 1873, se produisit, sur la Canebière, l'incident dont j'aurais parlé déjà, si mon amour des traditions locales n'avait fait venir, sous ma plume, le souvenir descriptif d'une de ces jolies processions, qui étaient la joie de ma jeunesse.

Mme Levié, malade depuis longtemps, fit, elle-même, devant la sainte Vierge, le vœu que sa fille, encore en pension, n'était d'ailleurs plus d'âge à prononcer, debout sur une table, selon la coutume. Sa prière achevée, elle suspendit, au cou de la statue, un collier de prix... le vœu ne fut pas exaucé, Mme Levié mourut à Ajaccio, quelques mois après. Elle était la sœur de M. J. Pugliesi, ancien maire; la tante, par conséquent, de MM. Pugliesi-Conti, les députés et du contre-amiral, leur frère.

Le docteur Levié eut une compensation à son grand chagrin dans les témoignages d'estime et de sympathie que provoqua le mariage de sa fille avec M. Léon Bertrand. Cette union lui permit de constater de quelle considération il jouissait à Marseille et dans l'armée

Le général Chanzy quitta le gouvernement de l'Algérie pour servir de témoin à la mariée. Les généraux Allemand, commandant le 15e corps, Guyon-Vernier, Péan, d'autres encore, dont le nom m'échappe, le sénateur comte Valéry, M. Lagarde, M. Eugène Rostand, diverses personnalités importantes figuraient dans le cortège. J'ai la vanité de dire qu'il fut admirablement organisé; mon co-garçon d'honneur, Henri Bertrand, m'en voudrait de n'en pas faire la constatation. Rien ne clocha et le protocole fut d'accord avec les convenances personnelles de chacun. A Saint-Joseph, Thurner, lui-même, tint les orgues; une musique militaire alternait avec le grand organiste. Dans l'église, admirablement décorée, un véritable arbre de fleurs, attirait les regards; il avait été envoyé par M. Verminck.

Au repas, servi au Grand-Hôtel de Marseille, le général Chanzy était assis entre Mme Eugène Rostand et Mme Ronchetti, la future belle-mère de mon confrère, Auguste Baret.

Quelques privilégiés eurent le régal de la plus piquante des conversations entre Mme Eugène Rostand et le général Chanzy. Notre concitoyenne, avec une ténacité spirituelle, ramenait toujours la conversation sur le terrain politique; le général répondait, avec la finesse d'un diplomate, mais pourtant finit par reconnaître que l'amour de la patrie pouvait amener un général à accomplir un acte politique, même pendant son activité. Mme Rostand eut un éclair de triomphe dans les yeux; elle marquait un point!

Comme par un fait exprès, M. Lagarde, à ce moment-là, se levait et, avec une véritable éloquence, buvait au général Chanzy et à l'armée française ! Le tact de notre ancien maire était trop grand pour que ses paroles compromissent le général de la Défense Nationale, mais, dans sa bouche, elles prenaient un sens, un relief et, pour ainsi dire, une couleur politique. Le général répondit, dans les termes les plus heureux, et sans paraître, le moins du monde, gêné par les éloges du chef du parti de l'Empire à Marseille.

Le bouquet fut un épithalame de M. Eugène Rostand, en voici quelques vers :

« *A Séville,*

La Reine passe on jette un manteau sous ses pas;
Ainsi moi, sous vos pieds légers de jeune fille,
Ces vers, fleurs qu'on dérobe aux bouquets du repas,
Echo de tous, je bois à votre jeune Grâce,
A votre charme fait d'ardeur et de fierté,
Que vous tenez du sang corse et de cette race
Où vit le rare honneur de la fidélité.
Je bois à votre époux, aux familles heureuses
Dont la félicité de la vôtre s'accroît,
Au grand témoin vengeur des pages douloureuses
Nom resté pur, en qui la France espère et croit ! »

M. Levié prit sa retraite à Paris, où il mourut. L'ardent patriote qu'il avait toujours été, n'oublia pas, dans son testament, l'hôpital d'Ajaccio, sa ville natale.

XXI

M. GALLONI D'ISTRIA

M. ROUHER

M. PAUL DE CASSAGNAC

Nous recevions périodiquement la visite de
M. Galloni d'Istria. Député d'abord, sénateur
ensuite, il ne manquait jamais de venir déjeuner
avec nous quand il traversait Marseille. Ayant eu
l'occasion de voir « traiter » par certains de leurs
électeurs des élus républicains, je ne puis m'empêcher de noter le contraste entre la simplicité de
M. Galloni et les exigences fastueuses des autres.
Notre sénateur ne serait pas revenu si nous
eussions fait des frais pour lui. Les républicains
auraient considéré une invitation à la fortune du
pot, comme un manque d'égards. M. Galloni
raffolait des « croûtes » de chez Moullet, confi-
seur, dont la boutique était rue Saint-Ferréol, en
face la Belle Jardinière. Nous lui en servions
toujours, et c'était la seule adjonction à notre
repas. M. Lagarde était généralement des nôtres;
quelques fois Mirtil aussi.

A table, il nous tenait au courant par le menu, le mot est de circonstance, de tout ce qui intéressait le parti. Un jour, et ce souvenir me prouve combien j'avais raison de dire que le rétablissement de l'Empire avait été plus près d'être tenté qu'on ne l'a su, M. Galloni d'Istria paraissait avoir un bœuf sur la langue. Très renfermé, lui habituellement si expansif, il faisait des efforts visibles pour ne rien dire. Notre curiosité n'en était que plus excitée. « Qu'y a-t-il ? Vous nous cachez quelque chose; est-ce pour bientôt ? » A la fin, comme n'y tenant plus il s'écria : « Siamo alli mani !...

« Ne m'en demandez pas davantage ».

Le mot fit impression; un grand silence régna, puis ce fut un soupir de soulagement. Le parti allait enfin passer à l'action !

Cette déclaration, notre député la réitéra publiquement, en débarquant à Ajaccio. La population l'attendait sur le quai où une grande manifestation avait été organisée. Aux premiers cris, il répondit en étendant les bras, pour imposer silence: « Zitti, fratelli, siamo alli mani! » (1). D'autres indices, tels que des recommandations de réunir fréquemment nos amis et de les tenir en haleine, nous confirmèrent dans l'opinion que des événements graves allaient se produire à brève échéance. Sans apporter, et pour cause, aucune précision, je crois savoir que certaines pusillanimités les firent avorter au dernier moment. M. Rouher, pourquoi le taire, en fut particulièrement accusé.

(1) « Silence, frères, nous sommes sur le point d'en venir aux mains.

.. Les services rendus au pays et à la dynastie par cet homme d'Etat furent assez grands pour que cette absence de combativité et, disons-le, de courage civique, n'altère en rien la reconnaissance que lui doivent les citoyens conscients, sinon organisés.

Sous l'impulsion directe et personnelle de Napoléon III, il réalisa cette formule pratique des relations internationales modernes, le traité **de** commerce. C'est lui, qui, avec Cobden, prépara le premier traité de commerce, intervenu entre l'Angleterre et la France, convention qualifiée improprement de manifestation libre-échangiste, alors qu'elle était la simple application de ce principe de pur bon sens : « Donne-moi de ce que tu as, je te donnerai de ce que j'ai. »

Je tiens à rappeler un détail qui montrera la probité scrupuleuse de M. Rouher, probité d'ailleurs habituelle aux hommes d'Etat du Second Empire.

Pour éviter les indiscrétions et les spéculations qu'elles provoquent toujours, le Ministre de Napoléon III prit pour secrétaire sa propre femme; le projet de traité fut écrit de la main même de Mme Rouher. Que ces mœurs paraissent loin de nous !... Elles sont aussi démodées que la crinoline que portait sans doute Mme Rouher.

La Corse se fit honneur en envoyant à l'Assemblée nationale ce grand honnête homme, je pourrais dire ce grand homme tout court.

Il fut élu le 11 février 1872 par 36.026 voix contre 8.796 à M. Pozzo di Borgo, royaliste, et 6.511 à M. Savelli, républicain.

Sa profession de foi contenait cette phrase admirable, aussi honorable pour les électeurs que pour le candidat :

« Mon nom est un symbole ; ma candidature
« est celle d'un ami de l'exil et du malheur; elle
« s'adresse à la noblesse et à la fierté de vos
« sentiments ! »

La reconnaissance l'amena en Corse remercier ses électeurs dans le courant d'octobre 1875. Il descendit à Marseille à l'Hôtel du Louvre et de la Paix, où des réceptions quasi ministérielles montrèrent combien était encore vivace le parti de l'Empire. M. Rigaud, premier président de la Cour d'Aix, et quelques-uns de ses conseillers, M. Rivoire, président du Tribunal de Commerce, accompagné de plusieurs de ses juges; les anciens maires, de hautes notabilités marseillaises s'empressèrent d'aller présenter leurs hommages à celui que l'opinion, sans trop d'exagération, avait pu qualifier de vice-empereur.

Un groupe de nos jeunes compatriotes alla lui offrir les vœux des Corses de Marseille. La matinée ayant été consacrée à ce que j'appellerai les visites officielles, il reçut nos jeunes gens, après déjeuner. Leur orateur se destinait, sans doute, à l'adminitration ou à l'armée, car il lui dit « Nous garderons nos opinions, dussions-nous les cacher dans le fonds de nos cœurs comme le jeune Spartiate dissimulait, sous sa toge, le renard qu'il avait volé ». « Jeune Spartiate, lui répondit M. Rouher en riant, je vous invite, vous et vos camarades, à prendre une tasse de brouet noir » et il leur offrit le café.

Quelques personnes espéraient voir M. Rouher chez mon père, où elles eussent pu entrer en contact plus direct avec lui; leur espoir fut déçu, il ne vint pas.

* * *

Elles y rencontrèrent M. Paul de Cassagnac.

La popularité du fougueux polémiste fut très grande, dans notre ville, pendant les premières années de la République. Son journal *Le Pays* y était fiévreusement attendu. J'en ai vu payer certains exemplaires trois francs; celui sur Sedan et le général de Wimpfen atteignit cinq francs.

Le geste imprévu d'un ancien négociant fort riche, M. Jullien, vint matérialiser, d'agréable façon pour le journaliste, les sentiments des bonapartistes marseillais. Il le fit son héritier.

Cette aubaine valait une visite de remercie-ments ; Cassagnac la fit et fut l'hôte, dans son hôtel du cours du Chapitre, de son bienfaiteur, qu'il ne faut pas confondre avec M. Jullien, le tanneur, adjoint au maire sous le Second Empire, et grand-père du conseiller général Louis Régis.

Un matin, mon père reçut un mot de M. Jullien, le prévenant que Paul de Cassagnac viendrait après déjeuner prendre le café chez lui. Quelle affaire ! Qui fallait-il inviter, comment ne pas faire de jaloux ? Ce fut vite réglé, notre magasin fut envahi ! Le bruit de la visite du vaillant défenseur de l'Empire s'était répandu si rapide-ment, que nos amis l'avaient apprise, presque en même temps que nous. Des inconnus vinrent en acheteurs, et prolongèrent leurs marchandages assez longtemps pour assister à la réception. Elle fut splendide d'enthousiasme et de foi.

Cassagnac était un homme superbe. Sa carrure athlétique de beau géant, était comme une incarnation de la devise : « Qui s'y frotte, s'y pique ». A voir la longueur de ses jambes et de ses bras, on comprenait ses succès de duelliste. Mais, plus encore que la vaillance qui se lisait dans ses yeux, était remarquable leur expression de bonté. C'est, sous des traits pareils, qu'on se représente un Hercule, redresseur de torts. Dieu, quand il créa Cassagnac, dut avoir, un instant l'idée de nettoyer nos écuries d'Augias ! Pourquoi Dieu a-t-il changé d'idée ?

Nous le reçûmes dans notre magasin du premier étage, où nos commis ne laissèrent pénétrer d'abord que nos amis les plus intimes ; mais ils furent vite débordés. Le café fut versé, grâce à la complaisance de notre voisine Madame Allemand ; je reviendrai sur ce détail. Il n'y en eut pas pour tout le monde ; mais on n'était pas venu pour ça. Le discours que prononça Cassagnac fut emballant. Après les attaques les plus virulentes contre le régime républicain, il fit un tel tableau de l'attitude de Napoléon III à Sedan, que les larmes venaient aux yeux des plus sceptiques ; puis ce fut le portrait du Prince Impérial, Chevalier sans Peur et sans Reproche, « Passavant le Meillor ! » et il termina, en nous montrant le prince Victor, « Héri-« tier désigné par le testament même du Prince « Impérial, pour continuer les traditions napo-« léonniennes, vive l'Empereur ! »

Fendant la cohue des amis qui l'acclamaient, pendant que nous le raccompagnions, une main vint furtivement presser la mienne. C'était celle de M. le marquis de Gonzalès, consul général d'Espagne dans notre ville, dont la réserve diplomatique n'avait pu maîtriser le désir de connaître le défenseur de sa compatriote, l'impératrice Eugénie : « Souperbe, moun ami, souperbe, dites-le loui dè ma part ! »

Au moment où il sortait du magasin, un splendide bouquet fut offert à notre hôte, de la part d'une dame... Hélas! Mlle Dutert, libraire à la place de la Bourse, à côté du Café Glacier, était d'âge canonique; son bonapartisme était exalté. Aux premiers jours de la République, elle étalait sans crainte, dans sa vitrine, les plus récentes photographies, venues de Londres, de la Famille Impériale. Elle en vendait tant et plus, sans arriver à se blaser sur le chagrin d'en être privée. Quand c'était une photographie du petit prince, qu'on lui enlevait, elle avait les larmes aux yeux : « Je l'aime tant », disait-elle; et elle ne permettait pas qu'une autre personne qu'elle pliât le portrait de l'enfant.

Cette visite a laissé dans ma famille, et parmi tous ceux qui y ont assisté, un souvenir que le temps n'a pas effacé. Mais j'ai dit que je reviendrais sur ce détail que le café avait pu être servi, grâce à Mme Allemand, voici :

Quand nous cûmes, dans la matinée, que Paul de Cassagnac viendrait prendre le café à la maison, nous comprîmes, facilement, que nous n'aurions pas des tasses pour tout le monde. Mon père n'hésita pas à les demander à Mme Allemand, qui, mit à sa disposition, tasses, cafetière et café avec le plus grand empressement. Ce fut, à grand peine, qcé nous pûmes lui faire accepter le prix du moka ; elle refusa toute location de matériel et manifesta même le regret de n'avoir pu venir entendre notre ami, obligée, par profession, ajouta-t-elle, de « plaire à tout le monde ».

Cette femme était une des physionomies les plus notoires de notre ville, vers la fin de l'Empire. Horace Bertin, dans son étude sur les cafés de Marseille, l'a qualifiée de « Sirène de la limonade ».

Elle était d'une grande beauté, et d'un port véritablement majestueux : *Vera incessu patuit dea.* « Sa tête était pétrie de grâce et de sourires » (Horace Bertin).

Les chroniques de l'œil de bœuf, il y a des chroniques de l'œil de bœuf sous tous les régimes, voulaient qu'elle eût été la maîtresse du sénateur de Maupas, pendant son administration des Bouches-du-Rhône. La création du Square de la Bourse aurait même été le résultat d'un caprice de cette belle dame. Elle avait manifesté le désir d'avoir des fleurs sous ses fenêtres, et M. de Maupas fit improviser pour lui plaire, le joli jardin anglais, saccagé, applani et étriqué, depuis, pour les besoins des tramways.

D'où venait ce bruit qui n'était, peut-être, qu'une légende ? De ce qu'un jour, vers 1869, elle monta au comptoir, avec un corsage, couvert de broderies d'or, dont le dessin rappelait celles des sénateurs de l'Empire !

Son café était, néanmoins, fréquenté par les amis de Gambetta. Parmi eux, un courtier modeste, M. Étienne, corse par sa mère, n'avait pas grand succès dans les affaires; il en a eu davantage dans la politique, puisqu'il est devenu ministre de la guerre, à plusieurs reprises. On se demande avec de telles compétences, comment nous n'avons pas été prêts en 1914 ?

Avant de créer le Café Allemand, sur la Canebière, elle avait dirigé le Café Cardinal à la rue de la Darse. Ce Café était le rendez-vous des jeunes écrivains et des artistes de l'époque. C'est sur une de ses tables, que fut écrit, lors du remplacement de M. de Maupas, par le préfet Levert, un quatrain qui fit fortune en son temps :

Et cette belle Préfecture,
Dont Maupas se démet,
Tombera donc en pourriture,
Puisque Levert s'y met.

XXII

M. EMILE OLLIVIER

LE COLONEL BOURCART

J'étonnerais beaucoup, si je citais les noms de tous ceux qui, à cette époque, ont eu l'idée de s'adresser, comme M. Rouher, à la « noblesse et à la fierté des sentiments Corses ». Je n'en nommerai qu'un, le plus important de ceux que j'ai connus... C'était à peu près 5 heures, je rentrais du lycée; j'aperçus mon père, causant avec un Monsieur à favoris blancs, qui se levait pour partir au moment de mon arrivée... « Paul, me dit mon père, viens que je te présente à M. Emile Ollivier ».

Je m'empressai; le Ministre de l'Empire libéral m'adressa bienveillamment les questions d'usage. Il m'interrogea sur mes études, sur la carrière que je comptais embrasser, etc..., puis il partit visiblement ennuyé, mais en remerciant mon père de son obligeance et de sa sincérité : « Je réfléchirai à ce que vous m'avez dit. Merci beaucoup. »

« Que je regrette, dit mon père, après l'avoir raccompagné, que tu sois allé au lycée aujourd'hui. Il y a deux heures qu'il m'a entrepris. Tu aurais entendu des choses bien intéressantes et bien instructives. »

« Répète-les-moi. » Mon père fit le geste d'un homme qui a la tête pleine :

« Il m'a raconté tout son ministère... Quel dommage que tu n'aies pas été là pour l'entendre ! Tu t'en serais souvenu toute ta vie. »

« Eh bien raconte ! » « Petit à petit, si je puis... »

« Il voudrait être député et il a l'intention de poser sa candidature en Corse Je lui ai dit que s'il n'était pas présenté par l'Impératrice et les Chefs du Parti, il aurait contre lui non seulement les Républicains, mais la plupart des Bonapartistes Corses, partisans, par goût et par tempérament, de l'Empire autoritaire... Je me suis permis d'ajouter qu'en Corse, peut être plus qu'ailleurs, on attribuait à l'Empire libéral la chute de la dynastie et les malheurs du pays. »

« Tu n'as pas dû lui faire plaisir. » — « Evidemment, mais je ne l'ai pas étonné non plus. Et c'est alors qu'il m'a fait une leçon d'histoire, que je ne pourrai jamais te répéter, comme il me l'a faite, c'est bien dommage. » Mon excellent père essaya pourtant. Chaque jour (il devait y penser la nuit), il me répétait une partie de la conversation, et c'était, malgré tout, très intéressant. Quand, de longues années après, j'ai lu dans la *Revue des Deux-Mondes*, les articles de M. Emile

Ollivier, qui sont devenus son *Histoire de l'Empire Libéral*, je n'ai pas été surpris par les idées maîtresses de ce vaste ouvrage. La dépêche d'Ems et l'insistance de notre Ministère des Affaires Etrangères, pour obtenir du roi Guillaume, un supplément de garanties, même après la renonciation du prince de Hohenzollern au trône d'Espagne, me revenaient en mémoire. Je les avais entendues, enfant, presque de sa bouche.

* * *

L'unanimité des Corses de Marseille, dans leur fidélité à l'Empire, leur nombre déjà considérable, devaient nous illusionner sur leur influence électorale et nous exposer à un échec mortifiant, qui nous servit de leçon, par la suite, mais profita, hélas ! à nos adversaires, grâce à des raisons trop importantes, pour que je ne les expose pas.

Des élections législatives eurent lieu en 1876. Le Comité Bonapartiste décida de présenter un candidat dans la première circonscription. Elle était fort bien choisie puisque la plupart de nos compatriotes l'habitaient et, selon toute vraisemblance, y avaient leur domicile légal.

Quant au candidat, il était parfait. Le colonel Bourcart, d'origine alsacienne, commandait le premier régiment territorial qui ait été formé dans notre ville. Mutilé de guerre, comme on dit aujourd'hui, il avait laissé un bras à Gravelotte, et la rosette d'Officier de la Légion d'honneur qu'il portait à la boutonnière témoignait assez de sa bravoure sur les champs de bataille. Fort riche, il n'avait pas voulu vivre dans l'oisiveté, et quand ses blessures l'obligèrent à quitter l'Armée, il eût l'idée de faire du commerce.

Une association de fait, unit un moment ses intérêts à ceux de M. Alfred Gounelle, le François Ier de la Cavalcade. Très mondains tous deux, ils avaient ce qu'il fallait pour s'entendre, et l'équipage à deux chevaux, dans lequel le Colonel promenait le dimanche, au Prado, sa jeune et jolie femme, valait, pour l'élégance et la tenue, l'attelage à quatre du beau Gounelle. Les deux voitures, d'ailleurs, étaient fréquemment ensemble.

Nous fîmes un décompte des voix probables en considérant comme douteuses celles des navigateurs au long cours ; car pour les marins au cabotage, un appel à leur patriotisme devait, d'après nous, les faire rester à Marseille le jour des élections ; eûssent-ils dû pour la circonstance, abandonner un voyage à Cette ou en Corse, ou plus loin ; sauf aux plus pauvres à se faire justement dédommager des salaires perdus.

Bien que les pointages ne nous donnassent de quasi certitude, que pour les voix corses, les pronostics étaient des plus favorables. Aux réunions, mêmes publiques tout se passait à merveille. Le Colonel faisait une brève profession de foi, toute de courage et de loyauté ; il se déclarait bonapartiste, parce que soldat, il pouvait rendre témoignage de l'attitude et du rôle de l'Empereur ; mais, Alsacien, il s'adressait au patriotisme des Marseillais, et faisait de sa candidature une candidature d'union de tous les partis.

A peine achevait-il d'exposer ce programme, que deux adhésions se produisaient, invariablement, l'une au nom des royalistes, l'autre au nom des républicains. Mais, hélas, elles émanaient toujours des deux mêmes personnes, de M. Auguste Hugues, pour les républicains, de M. Alfred Gounelle pour les royalistes. La première fois que je les entendis, j'en fus enchanté. Les fois suivantes, je trouvais que les comités, auxquels appartenaient sans doute, ces Messieurs, eussent été mieux inspirés, en ne pas envoyant toujours les mêmes délégués. Je m'en ouvris carrément à un royaliste notoire, qui me répondit, en souriant : « Non seulement, le parti royaliste ne soutiendra pas le colonel Bourcard, mais, je puis vous annoncer qu'il aura un candidat en la personne de M. Maggiolo, journaliste parisien. » — « Mais, quel rôle joue donc M. Alfred Gounelle ? » — « Celui d'ami de la maison. » — « Alors, au point de vue politique ? Au point de vue politique, il ne représente que lui. » Diable !

Effrayé, je courus chez un républicain, dans l'espoir d'être plus heureux: « Est-ce que M. Auguste Hugues a de l'influence dans votre parti ? » — « C'est à propos de l'élection du premier canton que vous me posez cette question ? » — « Vous l'avez dit. » — « Eh bien, sachez jeune homme, que Hugues est entrepreneur, entrepreneur de tout ce qu'on voudra; en l'occurence il est l'entrepreneur de la candidature Bourcard, dont il assume l'organisation matérielle, location des salles de réunion, distribution des buelletins, etc. Vous pouvez juger par là de son influence parmi nous. « Diable! Diable! ».

Quand je rapportai ces propos à M. Lagarde, il n'en parut pas autrement surpris. — « Vendredi, me dit-il, aura lieu à la rue du Grand-Puits, une réunion exclusivement composée des Corses les plus dévoués. Vas-y et recommande à Pompée Paoletti, qui doit la présider, de ne pas perdre de temps en discours. Avec des bougres, comme nos adversaires, il est essentiel de nous assurer des assesseurs énergiques. Que dans chaque section, deux Corses, un jeune et un vieux, le plus jeune et le plus vieux possible, exhibent leurs cartes au moment de l'ouverture des bureaux, et qu'ils réclament les droits que la loi leur donne. De la sorte, nous serons sûrs de n'être pas volés ; c'est l'essentiel. Je vais voir Silvestre, pour qu'il fasse donner ses sauveteurs. »

Très exactement, le vendredi, avant-veille du jour de l'élection, j'obéissais à la consigne de M. Lagarde. Deux ou trois cents compatriotes étaient réunis ; nous nous occupâmes immédiatement du choix des scrutateurs ; je n'oublierai jamais ces symptômes trop sûrs, de débâcle inévitable : « Un tel, disait Paoletti, vous qui habitez rue X..., vous vous trouverez, avec votre carte, à l'ouverture du scrutin, au bureau de vote de la rue Y... » — « Ah ! mais, M. Paolétti, moi, je ne suis pas électeur à Marseille, je suis inscrit en Corse. » — « C'est contrariant, alors je désigne Pietri (par exemple) pour vous remplacer. » Pietri : « M. le Président, moi non plus, je ne suis pas électeur à Marseille, je vote toujours au pays, » et ce fut ainsi jusqu'à proportion de plus des trois quarts. C'était navrant. Les Corses, si nombreux à nos réunions, si unanimes dans leur opinion, n'étaient qu'une non-valeur électorale, puisque les plus notoires, on n'avait convoqué que ceux-là, n'étaient pas électeurs dans notre ville... et quelques heures nous séparaient à peine du scrutin; et le nom de notre candidat était affiché à tous les coins de rue; et il était trop tard pour faire machine en arrière!

Le résultat fut ce qu'il devait être forcément, dans de telles conditions.

Gambetta fut élu; le royaliste Maggiolo, lui-même, eut plus de voix que le colonel Bourcard, qui obtint à peine un millier de suffrages.

Le lendemain de la défaite, M. Lagarde était plus combatif que jamais : « Que cette leçon nous serve, dit-il » et immédiatement il ouvrit une souscription pour faire venir de Corse les papiers nécessaires à l'inscription sur les listes électorales marseillaises des nombreux compatriotes qui, domiciliés dans notre ville, n'y étaient pourtant pas électeurs. Ce fut un travail de plusieurs mois, de plusieurs années La mort nous enleva notre chef aimé, avant qu'il ne fût achevé et l'ancien maire ne vit pas le mauvais résultat de nos dépenses et de nos efforts.

XXIII

M. SILVESTRE — M. GAY DE TUNIS
M. CUNÉO D'ORNANO

———

Les sauveteurs auxquels M. Lagarde avait recommandé de faire appel, étaient présidés par M. Henri Silvestre, avocat, directeur du *Journal de Marseille*, avant le ralliement de ce journal à la République, personnage trop important et trop mêlé à la vie corse, pour que je ne lui consacre pas un souvenir spécial. Une de ses filles devait, d'ailleurs, épouser le regretté docteur Colonna d'Istria, et par là, s'apparenter à notre île.

Les Sociétés de sauvetage ont eu longtemps le plus grand succès à Marseille. Il n'était pas rare de voir défiler, musique en tête, le dimanche, un long cortège de Messieurs, la poitrine constellée de décorations ou d'insignes tellement nombreux qu'on n'apercevait plus le drap. de leur redingote.

Le public souriait et le public avait tort. Si la bimbeloterie était, il faut l'avouer, enfantine, l'âme de ceux qui s'en affublait, était des mieux trempées. Qui ne se serait découvert avec respect devant les frères Chaix, par exemple, chevaliers de la Légion d'honneur, et titulaires du prix Monthyon? La lecture des états de services qui leur avaient valu des distinctions aussi flatteuses était déconcertante. Comment avaient-ils eu si souvent l'occasion de risquer leur vie pour sauver celle de leur prochain ? Et pourtant les faits étaient certains, officiels, contrôlés et récompensés.

Un des sociétaires de M. Silvestre, pour remercier le ciel d'avoir permis qu'il sauvât un de ses enfants en le nourissant au biberon, nourrissait, chez lui, au biberon, six enfants indigents ! Il assurait leur éducation par la suite ; ses minces revenus y étaient entièrement consacrés. J'ai connu ce brave homme, il baissait constamment les yeux quand on lui parlait ; mais ce n'était pas par modestie, c'était pour regarder ses décorations.

L'indulgence la plus grande doit donc être accordée à cette *rubanite*, que M. Silvectre, en homme intelligent, encourageait pour l'émulation qui en résultait.

Son intimité avec M. Oscar de Tunis, un autre grand ami de nos compatriotes, lui permettait, chaque année, de distribuer un certain nombre de croix du Nicham-Iftikar, dont les sauveteurs étaient particulièrement friands. La remise des décorations avait lieu de la façon la plus solennelle, et selon un cérémonial tout militaire, à la campagne de M. Henri Silvestre à Bonneveine.

Les récipiendaires étaient appelés face au drapeau de toutes les sociétés de sauvetage de Marseille et des villes voisines ; il en venait jusque de Nice. La musique jouait, et après l'accolade rituelle, M. Gay de Tunis, officier de la Légion d'honneur, Grand-Croix du Nicham-Iftikar, épinglait la décoration beylicale à la boutonnière du nouveau chevalier.

Une année, la solennité de la fête faillit être gâtée par un incident fàcheux. Les réjouissances avaient déjà eu lieu, parmi lesquelles des courses de chevaux organisées par le fils de M. Silvestre. Les domestiques préparaient un repas· froid pour bien près de 500 personnes, (M. Silvestre recevait en grand seigneur), quand au moment de la distribution des récompenses, les commissaires s'aperçurent que six sauveteurs avaient été convoqués pour recevoir le Nicham, et que 5 brevets seulement étaient arrivés! Les brevets étant expédiés de Tunis en blanc, il n'y avait pas de raison pour les donner aux uns plutôt qu'aux autres; tous les candidats étant également méritants, ·l'embarras était grand, quand l'aréopage des dirigeants pris une décision que je n'hésite pas à déclarer digne de Salomon :

Les quatre plus âgés recevraient la décoration et le sort déciderait entre les deux plus jeunes. Mais, de quelle façon consulter le destin? La courte paille, même à la campagne, était bien paysanne. Un ami commun proposa l'écarté en cinq secs, qui fut accepté. Dire que la partie fut émotionnante, serait proclamer l'évidence même; les deux adversaires arrivèrent à quatre points chacun, et c'est alors que l'incident se produisit. Celui qui avait les cartes en mains glissa sur sa chaise, pendant qu'il les battait... il s'était évanoui!

— « Un médecin, un médecin! » Plusieurs accoururent. Ils déclarèrent que la syncope n'avait rien de grave, mais pourrait durer quelques instants. « Vite, s'écria M. Silvestre, profitons-en pour décorer l'autre! »

Le malheureux, — je parle de celui qui s'était évanoui, — reprit connaissance pendant que les tambours fermaient le ban. Comme il avait été militaire, il comprit, à la batterie, que tout était fini. Comme c'était un sage, il se résigna.

* * *

Raconter comment M. Oscar de Tunis pouvait disposer de tant de faveurs serait écrire, en raccourci, l'histoire de cet homme distingué, aimable et spirituel. Arrivé à Paris, en 1851, il était porteur d'une lettre de recommandation auprès d'un des plus jeunes grands officiers de l'entourage du prince Louis Napoléon. Ce personnage était la bête noire de ceux qui devaient s'intituler, un jour, les victimes du 2 décembre; et ils avaient tout simplement décidé sa suppression. Le sachant abonné fidèle du Grand-Opéra, ils se procurèrent un fauteuil voisin du sien et le firent occuper par un spadassin, payé pour provoquer l'homme d'Etat, et le tuer en duel.

Le ciel qui, à cette époque, était pour l'Empire, voulut que l'homme du 2 décembre, contrairement à ses habitudes, n'alla pas à l'Opéra ce soir-là. Il avait envoyé son coupon à M. Gay, pas encore de Tunis.

Sparafucile ne connaissait pas celui qu'il devait provoquer, il savait seulement qu'il avait à expédier « ad Patres » son voisin de droite.

Innocent comme l'enfant qui vient de naître, le jeune Oscar était tout à la joie du spectacle, quand il reçut un coup de-pied sur la jambe.

L'idée ne lui vint même pas que cette voie de fait avait pu être volontaire. Il ne connaissait personne à Paris et ne pouvait s'y croire des ennemis. Aussi garer. ses jambes fut de sa part une simple précaution contre les réflexes d'un voisin trop nerveux. Mais, quand ce voisin posa son pied sur le sien, en le regardant d'un air narquois, il dut se rendre à l'évidence. « Retirez votre pied ou je vous le ferai vite retirer ! « Petit morveux ».

— « Morveux, moi ! » et une gifle retentissante fut la réponse du jeune homme. Echange de cartes. Gay, qui avait fréquenté les salles d'armes, n'était pas fâché de donner une leçon à l'énergumène, au demi-fou, croyait-il, qui l'avait provoqué. Sur le terrain, il comprit qu'il avait à faire à un spadassin... Un coup droit lui traversa la poitrine ; il fut longtemps entre la vie et la mort.

Son avenir se décidait pendant qu'il gisait sur son lit d'hôpital.

Des rapports de police avaient appris l'incident au *complice du 2 décembre.*Ses sentiments,pour son jeune protégé, devinrent ceux de l'amitié la plus fervente. Il lui envoya son propre médecin, et quand il fut guéri, il le casa au quai d'Orsay, où son intelligence et son savoir firent le reste.

Nommé à Tunis, il ne tarda pas à y acquérir une situation prépondérante. La confiance et la haute estime du Bey s'affirmèrent par les distinctions les plus flatteuses. Créé comte de Tunis, il reçut les insignes de Grand-Croix du Nicham-Iftikar. Aucun Européen, avant lui, n'avait joui d'un tel crédit à la cour beylicale.

Ses opinions politiques étaient nettement bona-partistes. Il eut l'occasion de les manifester lors de la venue dans notre ville de M. Cunéo d'Ornano, à qui une phrase, par trop truculente, avait acquis une célébrité dangereuse. « Nous ferons des républicains une pâtée dont les chiens ne voudront pas », avait-il dit aux électeurs de la Charente-Inférieure, et notre compatriote passait pour avoir été élu, sur ce programme un peu succinct. Mieux que personne, les républicains auraient dû savoir le cas qu'il faut faire des professions de foi ! Ils feignirent pourtant de croire que Cunéo venait à Marseille pour mettre la sienne à exécution, et ils nous menacèrent d'empêcher toute réunion organisée en son honneur. Ni plus, ni moins !

Nous organisâmes la réunion quand même; je ne prétendrai pas qu'elle ne provoqua aucun incident.

M. Gay de Tunis, bien que déjà âgé, en avait sollicité et obtenu la présidence, accordée avec reconnaissance. La police de la salle avait été confiée à un groupe d'hommes énergiques et à sa tête mon professeur de canne, Baptiste Straponi, que son vilain métier de marchand d'hommes n'empêchait pas d'être un très brave homme. Il avait la réputation d'avoir, à Constantinople, assommé plusieurs Turcs à coups de bâton..... C'était pour avoir voulu regarder de trop près une femme, dont le voile gênait sa curiosité d'Occidental ! Entouré par une foule menaçante, il s'en était dégagé par des moulinets, dont chaque coup abattait son homme.

Nous lui confiâmes donc la garde de la salle de l'Eldorado, vaste music-hall situé à la place

Saint-Michel, entre le boulevard Chave et la rue Bergère. Bien avant l'heure de la réunion, la Plaine était sillonnée de groupes bruyants, bien décidés, de part et d'autre, à en venir aux mains. L'occasion ne tarda pas. A l'entrée du député de Cognac, les applaudissements les plus frénétiques, éclatèrent en même temps que leur répondaient les coups de sifflets les plus stridents. Les groupes républicains, qui n'avaient pas de cartes d'invitation, la conférence étant privée, voulurent entrer de force, Straponi et ses élèves firent merveille. La porte fut déblayée, et la conférence commença...

Notre largesse, dans la distribution des cartes, avait cependant permis à quelques adversaires de pénétrer dans la salle ; ils essayèrent d'y faire de l'obstruction. Je me rappelle un grand escogriffe qui criait : « Je suis un soldat du Tonkin ! A bas Cunéo d'Ornano ». Un courtier d'immeubles, nommé Principale, courut sur lui, en lui disant : « Moi, je suis un soldat de 1870; si tu continues à gueuler, je te sors ! » — « Essaie ! » Le soldat du Tonkin reçut une de ces piles dans le genre de celles qu'il avait pu flanquer, lui-même, aux Pavillons Noirs. Et ce petit incident se reproduisit plusieurs fois, sous des formes différentes, au cours de la conférence.

Comme les nôtres tapaient, sans ménagement, on entendit tout d'un coup, dans un coin de la salle : « Au secours, à l'assassin ! » C'était un naïf qui, venu dans l'intention d'empêcher notre réunion, s'étonnait de notre entêtement à la tenir malgré lui.

A côté des tapageurs vulgaires étaient quelques chefs, qui se bornaient dans des colloques avec leurs voisins à revendiquèr le droit de libre discussion. « Jolie discussion, leur répondait-on, que l'invasion d'une salle, retenue pour une réunion privée; beaux arguments que des beuglements pour empêcher un orateur de parler ! » L'un des interrupteurs ayant crié que les bonapartistes tombaient quatre sur un reçut, en pleine figure, la carte d'un étudiant en médecine, nommé Carlini. « Je me mets seul à votre disposition ». Le provoqué ne se pressant pas de relever le défi, un de ses amis essaya de créer une diversion personnelle. Carlini sortit alors de son portefeuille toutes les cartes qu'il contenait et les lança à tout le groupe des manifestants.

Le lendemain il passa la journée chez lui pour attendre les témoins de ses adversaires; personne ne se présenta. Cet étudiant était, je crois, le frère de Pierre Carlini, le comptable, qui fut candidat de l'appel au peuple au Conseil d'arrondissement.

La conférence se poursuivait pendant ce temps cahin-caha; Gay de Tunis devait pour faire écouter Cunéo, non seulement réprimer les interruptions de ceux que leur attitude, relativement tranquille, avait fait laisser à leurs places, alors que les plus bruyants, selon l'expression de Principale, avaient été *sortis;* mais il devait aussi calmer l'enthousiasme, parfois trop bruyant, de nos propres amis. Enfin le terrain nous resta; ce fut le seul succès de la réunion...

XXIV

LA COLONNE BONAPARTE

La combativité des bonapartistes Corses, ou plus généralement. Marseillais, devait s'affirmer encore, mais, sans coup de poings cette fois, à propos de la colonne Bonaparte.

On sait dans quelles circonstances cette colonne fut érigée.

En 1801, le Conseil municipal, sur la proposition du préfet Charles Delacroix, donna le nom de Bonaparte à un boulevard, nouvellement créé sur l'emplacement des anciens remparts. de la porte de Rome à la porte de Notre-Dame de la Garde.

Cette décision fut portée à la connaissance du Premier Consul par une adresse rédigée dans le style poétique et fleuri du temps que je préfère, pour ma part, à la sécheresse aujourd'hui à la mode. En voici quelques extraits :

« Le cri général et la reconnaissance ont déjà dicté le nom qu'elle doit porter. Le préfet de ce département, pénétrant le désir et prévenant les intentions du Conseil municipal, a proposé de l'appeler cours Bonaparte, et c'est au nom de tous nos concitoyens que nous vous prions d'accueillir cette inauguration digne du premier ouvrage public qui, depuis la Révolution, ait été entrepris dans notre cité.

« Là, citoyen Consul, nous nous retracerons et vos vertus et vos exploits. Là, sous un ciel pur et serein, à l'ombre de ces arbres dont la plantation datera de l'année de notre salut, nous rendrons grâce au génie bienfaisant qui vous a préservé des machinations infernales, des trames criminelles d'une poignée de conspirateurs. Là, votre nom, gravé sur le marbre et dans nos cœurs, nous rappellera le vainqueur d'Arcole, des Pyramides et de Marengo, le pacificateur du monde, le régénérateur de la patrie. Là, enfin, confondant toutes nos affections, nous transmettrons à nos neveux vos vertus et votre gloire, et nous leur imposerons l'obligation d'admirer votre conduite et de surpasser, s'il est possible, notre reconnaissance. »

La promenade ne devait pas suffire à traduire la reconnaissance des édiles Marseillais. Ils obtinrent, de leurs collègues Aixois, le don d'une colonne de granit et décidèrent de la surmonter d'un buste du Premier Consul, dont ils confièrent l'exécution au sculpteur Chardigny. Le piédestal était orné de bas-reliefs en marbre blanc, avec un bouclier portant cette inscription :

A Bonaparte,

Vainqueur et Pacificateur.

Marseille reconnaissante.

Renversé à la Restauration, le buste de Bonaparte fut replacé sur sa colonne, sous Louis-

Philippe et y resta pendant toute la durée du second Empire.

Après le 4 septembre, des édiles au patriotisme inverti, estimèrent que le nom de Bonaparte évoquait des souvenirs fâcheux de notre histoire; et voici l'arrêté, qu'à la date du 27 janvier 1871, prit le maire Bory. J'en dois la communication à l'obligeance de mon savant ami Jean de Servières, poète et érudit, dont la monographie sur les Corses réfugiés à Marseille, pendant la Révolution, est appelée au plus vif succès, auprès des amateurs d'histoire et auprès de nos compatriotes.

« Considérant, dit l'arrêté, qu'il existe à Marseille un certain nombre de voies portant des noms qui rappellent des souvenirs fâcheux de notre histoire; que depuis la chute de l'Empire, la conscience publique proteste contre les dénominations qui seraient en contradiction avec le nouvel ordre politique qui régit la France, etc.

« Les noms des voies publiques ci-après désignées seront modifiés ainsi qu'il suit :

Cours Bonaparte, cours Pierre-Puget », etc.

C'est ainsi que le cours Bonaparte devint le cours Pierre-Puget !

Quant à la colonne, n'osant la déboulonner tout à fait, les vandales mirent au buste un masque de ciment ! Ridicule, ai-je dit ? Non, odieux.

Faisons notre *mea culpa :* la France est, peut-être, le pays du monde où le culte de Napoléon est le moins vénéré. Il existe, chez la plupart des autres peuples, des sociétés d'Etudes Napoléoniennes; je n'en connais pas en France. A Florence, à la galerie des Offices, un buste de Napoléon a pour pendant un buste de Jupiter. A Marseille, une municipalité républicaine, n'a pas eu honte de masquer l'effigie du premier Consul ! Les Lyonnais, il est vrai, pour se résigner à conserver une statue de Louis XIV sur la place Bellecour, ont commis l'enfantillage d'écrire sur le piédestal que la statue est un chef-d'œuvre et que le sculpteur était Lyonnais ! Nos grands pères, hélas! avaient fait pire pour l'écusson fleurdelysé de notre grand Puget... Quelle déplorable éducation politique et artistique! Et le Parti qui compte des esprits aussi rétrécis, parmi ses chefs, et des iconoclastes pareils, parmi ses soldats, a la prétention d'être plus intelligent et plus éclairé que les autres !

Ecœurés, nous décidâmes, un beau jour, d'enlever au buste de Bonaparte son masque déshonorant. Le gardien de la colline était Corse, il s'appelait Renucci. Le projet n'eut pas de partisan plus enthousiaste que lui.

« Peu m'importe de perdre ma place, nous déclara-t-il, je vous aiderai de tout mon pouvoir ». Et il le fit, comme il l'avait promis. Des maçons portèrent des échelles, en plein jour, comme s'il se fût agi d'une réparation au kiosque, qui existait, alors, au sommet de la colline, à peu près à l'endroit où s'élève aujourd'hui la statue de l'abbé Dassy. Un siège de couvreur devait servir à l'opérateur. Mais, où trouver cet artiste? Nous comptions des peintres parmi nos amis, mais, pas un sculpteur ! Un Italien fut proposé et accepté : il s'était déclaré très fier de restaurer le buste *della sua maesta l'imperatore e re.* Notre jour et notre heure seraient les siens.

Un complot, pour renverser un gouvernement, n'aurait pas été organisé avec plus de précautions que cette inoffensive aventure. Des conciliabules secrets eurent lieu; les affiliés jurèrent la discrétion la plus grande. Prêtes à agir vigoureusement si un obstacle, même policier, tentait de s'opposer à l'entreprise, des patrouilles d'hommes sûrs avaient entouré la colline dès la veille au soir.

Elles n'eurent pas à intervenir.

Au signal convenu, pendant la nuit, Renucci ouvrit une des portes de la colline, quatre hommes y pénétrèrent, deux maçons, un marin et le sculpteur. Les grilles furent immédiatement refermées sur eux. Dresser les échelles portées le jour précédent, fut l'affaire d'un instant; le marin amarra au chapiteau le siège du couvreur; le sculpteur y prit place et se mit immédiatement à la besogne. Son ciseau, avec toutes les précautions nécessaires à ne pas endommager le buste, eut tôt fait de débarrasser de son masque de plâtre, le chef-d'œuvre de Chardigny, comme on dirait à Lyon.

Malgré le secret recommandé, nombre de nos amis étaient au courant de l'aventure et en attendaient impatiemment le résultat. Certains, sur les toits, avaient, dès l'aube, suivi à la lorgnette, les progrès de l'opération. Ce fut, toute la journée, un véritable pèlerinage à la colline; le fidèle Renucci recevait les visiteurs, j'allais dire les pèlerins, et leur expliquait, avec force détails, les préparatifs et l'exécution de l'affaire. Aux plus enthousiastes, il remettait, en souvenir, un morceau du masque de plâtre.

Que fit la municipalité ? Elle eut peur qu'un replâtrage ne provoquât une récidive d'enlèvement et à une époque que je ne puis préciser, elle décida de substituer le buste de Puget à celui du Premier Consul.

Avais-je tort de qualifier d'inverti un patriotisme qui proscrit de nos places publiques le buste de Napoléon ?

Les Bourgeois républicains, dans leur aveuglement, n'ont pas vu et ne voient pas encore que la méfiance d'un pouvoir fort; qui assure l'ordre à l'intérieur et la Victoire à l'extérieur; que la haine, disons le mot, de tout ce que résume le nom de Napoléon est le commencement du Bolchevisme. Tant pis pour eux et, hélas pour nous !

Cette équipée fut la seule occasion d'action directe qui se soit présentée à nous, au cours de ces années, où le parti Bonapartiste était encore puissant dans notre ville. Ce ne fut pas notre faute.

XXV

LES BANQUETS

LE COMMANDANT SIBOUR ME RACONTE
LE VOYAGE DE L'IMPERATRICE
A CONSTANTINOPLE ET A SUEZ

En guise de consolation, nous organisâmes de beaux et nombreux banquets, et je puis dire, sans aucune exagération, que si le nombre et la force d'un parti devaient s'apprécier d'après l'importance de ces manifestations gastronomiques, le parti de l'Empire eût certainement passé pour le plus puissant à Marseille.

Je ne raconterai qu'un de ces banquets parce qu'ils se ressemblèrent tous; mais je choisirai celui où mon voisinage avec un marin des plus distingués, le commandant Sibour, me donna l'occasion d'entendre, de sa bouche, le récit d'une histoire si jolie, si patriotiquement jolie, que je me demande comment elle a pu rester inédite jusqu'à aujourd'hui. Je la livre à mes lecteurs et, par eux, j'espère, à la publicité.

Le banquet d'abord: 500 convives pour le moins, dans le plus grand établissement des Chartreux. Les Corses dominent. Parmi les continentaux, les anciens officiers sont en majorité; les grands commerçants se sont déjà défilés. Niel, directeur de *l'Aigle*, a fait venir du Var une musique bravement qualifiée, dans son pays même, de musique de l'Appel au Peuple; elle nous jouera : *La Marseillaise* et *Veillons au Salut de l'Empire*. Le marquis d'Aulan, préside. Superbe figure d'officier et de gentilhomme (grand à porter l'armure de François Ier) l'ancien chef d'escadrons des carabiniers de la garde, ancien écuyer de Napoléon III, ancien député de la Drôme, mène le banquet, avec une rondeur toute militaire. A sa droite, Eugène Aube, vif, pétulant, la moustache en chat, bon comme la vie, la bourse toujours ouverte: des aigrefins ne lui proposeront-ils pas un jour, je ne sais quelle alliance avec la Bourse du Travail ? et il marchera dans la combinaison, confiant et prodigue. Chef de parti, il eût fait de la politique en chasseur du Midi... N'est-il pas, d'ailleurs, président des Chasseurs Provençaux ? « Je dispose de plusieurs milliers de fusils ! » s'est-il écrié au cours d'une discussion sur la date de l'ouverture de la chasse et le Préfet, après avoir beaucoup ri, a fait tout ce que voulait Aube.

Un monsieur, la rosette de la Légion d'honneur à la boutonnière, est à la gauche du marquis d'Aulan; nous serons voisins. Mouton de Guérin, après m'avoir présenté à lui, me le présente à son tour : « Le commandant Sibour, ancien commandant du yacht de l'Empereur, *l'Aigle* ». — « Que je suis heureux de faire votre connaissance,

Monsieur ! vous me rappelez une des plus vives impressions de mon enfance, l'arrivée de l'Impératrice à Ajaccio. C'est donc vous qui étiez le commandant de son yacht ? » — « Le second seulement; le commandant en premier était M. Duperré. » — « Un fidèle serviteur de la dynastie. » Mon interlocuteur ne répond pas à cette phrase, il ne l'a sans doute pas entendue. Mais moi, je veux qu'il parle; alors, j'évoque mes souvenirs, pour provoquer les siens : « C'était en 1869, mes parents m'avaient envoyé dans leur pays, que je ne connaissais pas encore, assister aux fêtes du centenaire de la naissance de Napoléon Ier; je vois *l'Aigle*, entrant dans le golfe, avec l'Impératrice et le Prince Impérial à son bord... Quelle joie, quel enthousiasme ! Le canon de l'escadre tonne et celui de la citadelle gronde; les pavillons de soie m'éblouissent, avec leurs abeilles, leurs écussons de l'Empire, et leurs franges d'or. Le yacht ne se borne pas à défiler devant la ligne des navires, comme à Toulon, les croiseurs portant les Présidents de la République; il passe entre tous les vaisseaux rangés parallèlement. Et les marins de la ville applaudissent à la manœuvre hardie et précise; je devais les en entendre parler, pendant plusieurs jours, tant elle leur avait paru magnifique !

Puis, le débarquement : la Mère et le Fils descendent à terre. Vous rappelez-vous, commandant, les haies de marins et de soldats, brisées, submergées, emportées par le flot populaire ? L'Impératrice a des sourires qui vont au cœur ; le Petit Prince, si gracieux, dans son uniforme de sous-lieutenant des grenadiers, ne cesse de saluer militairement cette foule qui l'acclame et donnerait son sang pour lui. Et c'est lui, qui versera le sien pour acquérir la gloire, et par elle, le droit de régner sur la France qu'il adore !

— Assistiez-vous le soir à la représentation de gala, au théâtre Saint-Gabriel ? l'élite de la société ajaccienne pouvait se croire à Saint-Cloud. La salle avait été décorée par le garde meubles, le balcon des premières, transformé en loge impériale. Seuls, l'Impératrice et le Prince Impérial étaient assis. Debout, derrière eux, généraux, amiraux, le grand chambellan, duc de Cossé Brissac, les dames d'honneur: marquise de La Poèze, mademoiselle de Larminat. L'amitié du maire, M. Nyer, nous avait donné, à mon oncle et à moi, des places de secondes; nous surplombions les fauteuils de Sa Majesté et de Son Altesse Impériale. Mon âge et mon respect pour la Souveraine ne m'empêchèrent pas d'admirer la splendeur de ses épaules ». Mon interlocuteur sourit et approuve de la tête. Je poursuis, emporté par mes souvenirs : « Sur scène le *Trouvère* est joué par une troupe marseillaise. M. Boisselot l'a improvisée et dirige l'orchestre.

Le public ne tient pas compte du protocole, qui ne permet d'applaudir, qu'à l'entrée et à la sortie des princes; pendant les entr'actes, il applaudit tout le temps, obligeant l'Impératrice et le Prince à de perpétuels saluts.

Un concert doit terminer le spectacle; mais l'Impératrice se retire après le « Miserere ». Alors: incident. Mlle Perez, professeur de piano au

Conservatoire de Marseille, qui devait nous faire entendre du Mozart et du Chopin, déclare qu'elle avait été engagée pour jouer devant l'Impératrice et en apprenant son départ, elle a une crise de nerfs... petit malheur, le public n'était pas venu pour le concert.

Le lendemain soir, Ruggieri tira sur la mer un feu d'artifice, comme, de mémoire des Parisiens de la suite impériale, ils n'en avaient jamais vu, sur la Seine. L'Escadre, par ses embarcations illuminées nous donnait le spectacle d'une fête vénitienne splendide, quand l'embrasement des montagnes, qui encadrent le golfe d'Ajaccio transforma la fête en féerie. Mais, je vous raconte ce que vous avez vu, mieux que moi, excusez-m'en ».

— « Vous n'avez pas à vous excuser, me dit le commandant Sibour, qui assez froid jusque là, paraît s'être laissé gagner par mon enthousiasme.

— « Certes, la réception à Ajaccio fut belle mais, que diriez-vous, si vous aviez assisté à celle de Constantinople ? Ajaccio c'était la France, l'Impératrice était en famille, comme elle nous le disait ; elle venait, chez des parents, visiter la maison de son Oncle. Mais, à Constantinople, c'était l'étranger ; c'était avec le Sultan, tout l'Islam qui acclamait la glorieuse souveraine de l'Empire Français. Je ne vous parlerai pas des fêtes elles-mêmes, bien qu'elles aient été dignes des *Mille et une nuits*. Mais, au-dessus des splendeurs, fruits d'une imagination et d'une galanterie orientales, l'Impératrice rayonnait et dominait ; voilà ce que je tiens à vous dire, avec ma double fierté de français et de marin.

« Chez elle, le tact de la femme égalait la majesté de la Souveraine. L'histoire que je vais vous raconter ,et dont j'ai été le témoin oculaire, vous en donnera une idée :

« Nous avions quitté Venise, dans les premiers jours d'octobre. La traversée de l'Adriatique s'était effectuée, dans les conditions les plus satisfaisantes : d'ordre de Paris, nous avions suivi les côtes, dans toute la mesure du possible, pour nous tenir, en communication constante avec la terre.

« A peine étions-nous par le travers du premier sémaphore grec, qu'il nous signala d'avoir à stopper pour attendre des dépêches. Vous devinez l'émoi qui s'empara de tout le monde à bord, et principalement de Sa Majesté. Quelles étaient donc ces dépêches, si graves, qu'il fallait stopper pour les attendre ? Les plus pessimistes parlaient d'un attentat. Nous étions en 1869 ; Rochefort agitait les faubourgs et les excitait contre le plus glorieux des régimes et le meilleur des Souverains. En dehors même de tout attentat, la santé de l'Empereur, malade à notre départ, avait pu péricliter subitement. Les conjectures allaient leur train, quand nos lorgnettes nous permirent d'apercevoir, dans une chaloupe venant vers nous, à grand renfort de rames, un fonctionnaire en uniforme. Nous reconnûmes un de nos consuls...

Il aborde, je le reçois à la coupée : quelques mots me rassurent, les nouvelles de Paris sont bonnes. Il ignore le contenu des dépêches qu'il apporte ; mais, désireux de se donner de l'importance, il me confie qu'elles sont d'une certaine gravité.

L'Impératrice, habituellement si maîtresse d'elle-même, n'a pu contenir son impatience. Elle vient, en personne, à la rencontre du consul. Elle entend les mêmes phrases rassurantes qui m'ont été dites; mais, son front reste soucieux.

La porte du salon s'est refermée sur Sa Majesté et sur le consul : le commandant Duperré est entré aussi: il ne m'a pas semblé qu'il y eût été invité. Mais il est coutumier de ces manières qui nous choquent et que Sa Majesté, si grande dame, si femme de César, si au-dessus du soupçon, tolère en maman indulgente, peut-être même sans les remarquer.

Que vont lui apprendre les dépêches ? Nous ne tardons pas à le savoir :

La porte du salon s'ouvre brusquement, c'est l'Impératrice (elle rit, comme la plus humble de ses sujettes, à gorge déployée). : « Commandant, messieurs, dit-elle, en s'adressant à notre groupe d'officiers, savez-vous pourquoi M. le Consul, annoncé par le sémaphore, attendu par nous, m'a apporté des dépêches, si graves, qu'il vous a fallu ralentir la marche de mon yacht, pour les attendre ? — Graves ! comment ne le seraient-elles pas ? elles émanent du ministère des affaires étrangères ! — Eh bien ces dépêches me tiennent au courant de négociations, qui durent depuis plusieurs jours, entre l'ambassade de Turquie et le quai d'Orsay. Elles ne sont pas encore terminées ! Et elles portent... je vais vous le dire, parce que vous ne devineriez pas (ici l'Impératrice rit de plus belle) sur la question de savoir si le Sultan m'embrassera !

On devine que la gaieté de l'Impératrice gagna vite l'équipage tout entier. La question du baiser du Sultan devint le sujet exclusif des conversations de nos hommes. Elle les divisa en deux camps : l'embrassera ; l'embrassera pas ? chacun des deux avis avait ses partisans, et combien ardents !

Nous, les officiers, faisions cercle, pendant ce temps, autour de Sa Majesté. Avec sa bonté coutumière, Elle nous communiquait les détails apportés par les dépêches: intention du Sultan de lui décerner les honneurs qu'aucun Padischah n'avait encore accordés à un Souverain chrétien... crainte que ces honneurs ne fussent interprétés par les musulmans, comme l'hommage d'un Prince lige à son suzerain; d'où nécessité de les expliquer par un geste de fraternelle affection. Prévoyant d'ailleurs la résistance des diplomates français, l'Empereur des Croyants déclarait accepter, par avance, la décision de son bon frère Napoléon III. « Voilà qui est bien d'un Turc, ajoutait espièglement Sa Majesté, il n'y a qu'une personne, dans toute cette affaire, qu'il ne consulte pas, et c'est moi. La femme ne compte pas en Turquie; mais, nous verrons. Au surplus, je dois attendre la décision de mon mari; je serai bien embarrassée, par exemple, s'il me dit qu'il s'en rapporte à moi, et c'est probablement ce qu'il fera. »

L'Impératrice avait vu juste. Au Pirée un navire à vapeur nous amena un attaché d'ambassade, porteur de la lettre impériale: l'Empereur, après avoir manifesté un certain étonnement de la demande, transmise par la Sublime Porte, exposait à l'Impératrice ses raisons de ne pas mécontenter le Sultan : « ... des millions de sujets Français dépendant de Lui, au point de vue religieux... leur nombre appelé à s'accroître encore... nos diplomates n'avaient-ils pas obtenu que le Bey de Tunis vînt en personne, saluer l'Empereur, à son arrivée à Alger ?... L'amitié séculaire de la France et de la Turquie, scellée par la visite du Sultan à l'exposition de 1867, voyage sans précédent dans l'histoire de l'Islam... » Bref, l'Empereur, sans conclure formellement laissait transparaître son avis. Il ajoutait, toutefois, qu'il s'en rapportait à la prudence et au tact de l'Impératrice. « Et c'est bien ce que je craignais », ajouta Sa Majesté, en nous donnant connaissance de la lettre de son mari.

* * *

Les marins de l'*Aigle* étaient choisis parmi les meilleurs serviteurs, les plus dévoués et les plus intelligents de la flotte. Après avoir ri, ils devinrent songeurs. Leur gaieté s'évanouissait au fur et à mesure que nous approchions de Constantinople. Que ferait l'Impératrice ? Ils avaient, en Elle, une confiance absolue, mais, sa haute vertu, dont ils étaient sûrs, comme si elle était leur mère, sa grande piété, ne lui feraient-elles pas adopter une attitude un peu trop intransigeante? ne mécontenterait-elle pas l'homme, que son mari, lui-même, lui avait recommandé de ménager ? Un vieux maître de manœuvres, un Breton, les rassurait, et il avait raison, en leur disant : « Mes gas, quoi que notre Impératrice fasse, elle fera son devoir. Elle n'a pas besoin qu'on le lui apprenne. » L'événement prouva combien il avait raison.

Le grand jour arriva, enfin !

L'*Aigle* entre fièrement dans la Corne d'Or. L'armée ottomane est massée tout entière, le long des côtes. Elle fait feu de toutes ses armes à la fois ? Les fusils crépitent, le canon tonne. Le Sultan veut paraître, devant notre Impératrice, au milieu d'un tonnerre.

Une embarcation rouge et or, montée par 24 rameurs, et surmontée d'un dais cramoisi le porte vers l'*Aigle*.

Il monte à bord, Elle va à sa rencontre. Il est très rouge, Elle un peu pâle. La main sur le cœur, Il s'incline profondément; puis, se relevant, Il esquisse un mouvement en avant... Jamais sourire plus gracieux n'a illuminé le visage de l'Impératrice, mais, avant que le Sultan n'ait pu l'atteindre de ses bras, à demi tendus, Elle Lui échappe dans la plus profonde et la plus gracieuse des révérences.

Ah ! le beau geste, cher Monsieur. Vrai, aucun sujet du Sultan ne pourra prétendre que son Maître a été traité en prince lige; un vassal n'est pas salué de la sorte. Vrai, l'homme à qui a été adressé un tel sourire, ne pourra pas garder rancune de l'embrassade esquivée.

Je sens, plus que je ne l'entends, un murmure d'admiration sur les lèvres de nos hommes. Je me retourne vivement vers eux, de peur d'une explosion d'enthousiasme. La discipline les retient, sans que j'ai à intervenir.

Le Sultan prend congé, rapidement. Il est venu saluer l'Impératrice à son arrivée; Il reviendra la prendre dans quelques instants.

L'enthousiasme éclate, à peine il est parti. Nos hommes acclament l'Impératrice; manifestement, ils en sont fiers; ils l'environnent, nous devons lui frayer passage; Elle est radieuse, Elle est émue. Au moment de rentrer dans ses appartements, Elle se retourne, et semble nous envoyer, dans un sourire, le baiser qu'Elle a refusé au Sultan.

Et ce furent, pendant près de huit jours, des fêtes dignes des *Mille et une nuits*. La galanterie orientale, s'affirmait magnifiquement. Des banderolles traduisaient l'admiration de la foule : « Qui n'aimerait une dame aussi charmante ? » et les interprètes nous apprenaient que les mots turcs, sans équivalents dans notre langue, vantaient la perfection du corps et de l'âme. Le Sultan, personnellement, se prodiguait, respectueux, empressé, vrai chevalier galant. Quand le moment du départ fut venu, Il vint saluer, une dernière fois, sa sœur, l'Impératrice des Français. Minute inoubliable, à laquelle, ceux qui l'ont vécue, ne pourront jamais songer, sans un battement de cœur. Il a pris la main de notre Souveraine et, se rappelant la leçon du jour de l'arrivée, Il va la porter à ses lèvres, quand la main le redresse, l'attire, et l'Impératrice tend ses joues, à son frère le Sultan.

Des milliers de regards ont vu le geste, les acclamations surgissent de toutes parts, elles entourent le navire, l'envahissent; c'est toute une population, c'est toute une race, qui crie « merci » pour son souverain reconnaissant. La tâche est facilitée pour nos diplomates ; pour nos hommes d'affaires aussi; la Turquie sera longtemps l'amie de la France, la France s'enrichira, en même

temps qu'eux ; le baron Hirsch a obtenu le firman
pour la construction du chemin de fer de la
Roumélie ; le Comptoir d'escompte lancera le
prochain emprunt Turc.

Quand le Sultan est parti, nous sentons l'inuti-
lité d'essayer de retenir nos hommes; nous laissons
à ses dames d'honneur le soin d'entourer Sa Majesté ; elles ne le feront pas, trop heureuses de la
joie qui explose, pour en gêner l'expansion. Tant
pis pour le protocole ! qui veut parle à l'Impératrice; nous nous tenons volontairement à l'écart,
et n'aurons pas à le regretter. Aucun incident
fâcheux ne se produira. Arrivée au seuil, où les
plus enthousiastes s'arrêtent respectueusement,
Elle aperçoit le vieux Breton, qui a répondu
d'elle... l'a-t-elle su ? est-ce simplement parce qu'il
est le plus ancien maître du bord ? toujours est-il
qu'elle lui tend la main, et que nullement démonté
par l'immense honneur, il la baise, comme il l'a vu
faire, aux officiers et aux visiteurs de marque.
Mais à partir de ce jour, c'est le cas de le dire « le
roi n'est pas mon cousin », c'est l'Empereur.

***

Le retour s'effectua dans la détente qui suit les
grands événements. Les journées d'apparat et de
représentation, que l'étiquette impose aux Souverains, sont payées par des fatigues, que leur entourage supporte, presque au même degré.

Néanmoins nous eûmes, à bord, des heures
délicieuses. La présence, aux côtés de l'Impératrice,
de dames d'honneur, aimables et spirituelles, nous

faisait vivre, dans un cercle plus intime, l'exis-
tence privilégiée des familiers de Compiègne et de
Saint-Cloud.

Après les fêtes de Constantinople, il nous semblait que nous ne pourrions jamais éprouver
davantage la fierté d'être Français, et d'avoir une
telle Impératrice. Nous nous trompions ; l'inauguration du Canal de Suez, à laquelle Sa Majesté
allait présider, nous réservait des joies patrioti-
ques, plus impressionnantes encore.

Nous arrivâmes à Alexandrie, le 22 octobre.
L'Impératrice, reçue par le vice-roi et les ministres,
prit le chemin du Caire et de la Haute-Egypte
où Elle passa plusieurs jours.

Le 16 novembre, l'*Aigle*, ayant Sa Majesté à
bord, entra à Port-Saïd, où le Prince Henri de
Prusse, retardé par le mauvais temps, l'avait
précédée de quelques minutes. L'Empereur d'Au-
triche était arrivé la veille, ainsi que le prince
Humbert de Piémont, et l'Emir Abd el Kader,
venu tout exprès de Beyrouth, déposer ses hommages aux pieds de l'Impératrice des Français.

Près de 80 grands navires de toutes les nations,
grands pavois hissés, nous saluaient de leurs
salves et de leurs acclamations; c'était magnifique.

Mais, l'heure inoubliable, fut celle, où, sur
l'ordre de Sa Majesté, au moment de pénétrer
dans le lac Timsah, je signalais aux Empereurs et
Princes, dont les yachts nous suivaient, l'invitation
de rallier l'*Aigle*, où l'Impératrice les attendait.
Et dans une hâte courtoise, les baleinières amenèrent les invités princiers, auprès de Sa Majesté.

Ce parterre de rois rappelait Erfurth ; mais Talma était remplacé par de Lesseps ; la tragédie, fruit de l'imagination des poètes, par la réalisation du travail le plus grandiose que l'humanité ait encore connu ; le Second Empire dépassait le Premier !

Debout, auprès de Sa Majesté, le Grand Français expliquait son œuvre. Le tapage des acclamations couvrait parfois sa voix. Il dut se taire quand nous aperçumes trois immenses navires des Messageries Impériales, qui débouchaient, à leur tour, de l'autre extrémité du Canal. L'œuvre colossale était accomplie ! »

« Que vous avez raison, Commandant, m'écriai-je, littéralement emballé par l'enthousiasme contenu avec lequel ce récit m'avait été fait. Je n'avais jamais pensé que le Second Empire avait pu surpasser la gloire du Premier. Mais je comprends qu'à ce moment, vous avez dû éprouver, vous et tous vos camarades, la fierté d'être Français à un degré que nos pères, eux-mêmes, n'avaient peut-être, jamais ressenti ».

« C'est absolument mon avis », me répondit le Commandant, « la France semblait incarnée dans la plus belle et la plus gracieuse Souveraine. Tous les honneurs, toutes les acclamations qui lui étaient prodigués, nous allaient au cœur, comme si notre Pays les eût reçus, lui-même et en personne !

Nous prîmes congé de Sa Majesté à Toulon, après le lancement du *Marengo* qui augmentait, d'une superbe unité, cette flotte cuirassée, œuvre personnelle de Napoléon III, voulue par lui, exécutée par Dupuy de Lôme, et qui nous avait mis, en si fière avance, même sur l'Angleterre !

« Quand les officiers de l'Escadre vinrent lui apporter leurs hommages, Sa Majesté trouva, pour les remercier, des mots, dont elle avait le secret, et qui lui permettaient d'exprimer avec une grâce toute féminine, les idées d'un vrai chef d'état : « Messieurs, leur dit-elle, je n'ai éprouvé qu'un seul regret, au cours du beau voyage que je viens de faire, c'est que l'Escadre ne m'ait pas accompagnée. Lorsque je vais dans une fête, j'aime à m'orner de tous mes diamants; et à mes yeux, la flotte cuirassée est le plus beau et le plus précieux diamant de la France ! » C'était charmant, et on ne pouvait mieux dire; aussi quels furent nos regrets de nous séparer d'Elle !

Une seule consolation atténuait les miens. Le départ de l'Impératrice nous débarrassait de l'aumonier des Tuileries, ce singulier abbé Bauer, juif converti, qui me fut toujours suspect et qu'un aveuglement inexplicable faisait le favori, en tout bien tout honneur, je l'espère, des dames de la cour. » —

Au champagne, le Marquis d'Aulan parle le premier; je lui réponds, au nom de la Jeunesse Impérialiste. Comme je dis à l'auditoire ce qu'il désire entendre, j'ai du succès... Quand j'ai terminé un incident se produit, que je n'ai pas oublié. Blonde, souriante, une jeune fille se détache d'un groupe de dames, sa mère et ses deux sœurs, aussi charmantes qu'elle, et vient m'offrir des fleurs. Je la remercie vivement et vais saluer sa famille, dont je deviens immédiatement l'ami. Hélas, Mademoiselle Eugénie de S... la jeune et jolie bonapartiste, est devenue sous-préfète de la République ! J'ai souvent envié les habitants de la riante sous-préfecture, aux bords du lac bleu, où son sourire et son charme ont dû faire paraître aimable, aux yeux des plus rebelles, le régime que représentait son mari.

XXVI

LE PROCES DE LA VILLE CONTRE L'IMPERATRICE

———

A cette glorieuse souveraine, la Ville de Marseille devait faire signifier, à peine quelques années après, un exploit d'huissier, qui la qualifiait de « Veuve Bonaparte, sans profession », et qui appelait l'Empereur « le sieur Charles Louis Napoléon Bonaparte ».

C'était, rédigée dans le style de 1793, une assignation en révocation de la donation des terrains du Pharo, sur lesquels Napoléon III avait, à ses frais, construit le Château Impérial.

Le ministre des Affaires Etrangères, en eut honte pour la municipalité ! Il fit appeler le mandataire de l'Impératrice à Paris et lui dit : « Faites-moi le plaisir de nous débarrasser de cette pièce, car nous ne pouvons pas l'envoyer à notre ambassade à Londres, pour la transmettre par la voie diplomatique. »

Le Maire, responsable de ce libellé, était un nommé Brochier, arriviste sans envergure, et courtisan de tous les régimes.

Le coup d'Etat du 2 Décembre avait, particulièrement soulevé son enthousiasme. Il l'avait chanté, en vers dithyrambiques, mais parfois boîteux. Son lyrisme débordait alors les hémistiches de l'alexandrin, pour atteindre treize et même quatorze pieds :

« Pour donner au cortège, qui lentement s'écoule...»

Mais le sentiment était bon, la situation, avant le Coup d'état, fidèlement exposée :

« Du venin social, qui lentement suppure
        « Tout un peuple périt.....

.. ..

« Déjà le soc de fer, tombant du bras robuste
        « Délaissait le sillon.....

.. ..

« Chaque jour, un passant vous crachait au visage,
        « Voici cinquante deux !.....

.. ..

« Alors chacun te vit, toi que la France admire ;
        « Apparaître au grand jour.....

.. ..

« Et l'on ne verra pas, en lisant sur la carte,
        « Notre pays sans nom

« Quand la France répond à Louis Bonaparte :
        « Vive Napoléon ! »

La première Chambre du Tribunal civil devant laquelle l'affaire fut plaidée, était composée de MM. Autran, président ; Seguin et Dumon, juges. Aucun de ces magistrats n'était certes bonapartiste, au contraire ! Ils avaient pourtant été nommés par l'Empire ; mais la valeur intellectuelle et morale des candidats, leur science juridique et leur situation de fortune, décidaient alors de la nomination des juges en dehors de toute considération politique.

Le plus grand des avocats Français de l'époque, M⁰ Aicard, plaida l'affaire ; elle avait été préparée avec une magnificence toute impériale !

De M. Laurent, professeur de la Faculté de droit de Gand, autour d'un traité sur le code Napoléon, en une trentaine de volumes, était venue une consultation sur la valeur juridique de la donation municipale, au point de vue doctrinal.

M⁰ Sabathier, le plus savant des avocats à la Cour de cassation avait traité le même sujet, au point de vue de la jurisprudence.

M. Rouher, l'ancien ministre d'Etat du second Empire, se rappelant qu'il avait été avoué, avait rédigé lui-même, les conclusions.

La liaison entre M⁰ Aicard et M. Rouher était faite par M. Bournat.

Le jour de l'audience, M⁰ Barne plaida pour la Ville.

Je me le rappelle très bien. Il n'était certes pas un sot, mais il était lourd, et son talent lui ressemblait.

Il prétendit d'abord justifier les appellations vulgaires données à l'Impératrice. « En république s'écria-t-il, il n'y a plus de Majesté. » C'était plus vrai qu'il ne le disait, mais pas seulement pour les titres à donner aux souverains !...

Sa théorie fut que la Ville, en offrant un terrain à l'Empereur en vue de l'édification d'un château, le lui avait donné pour qu'il y résidât ; que la résidence effective, était une condition de la donation et que la condition n'étant plus réalisable, la donation était devenue caduque.

C'était réduire un hommage de loyalisme à un marchandage; c'était confondre l'obligation de construire avec l'obligation de résider.

Mᵉ Aicard lui, répondit en ces termes.

Messieurs,

« Ce procès n'est pas un procès politique, vous « disait-on à la dernière audience, au nom de la « Ville. C'est pour l'avoir ainsi moi-même appré- « cié, que sans hésitation, de grand cœur, et me « sentant très honoré d'avoir été jugé digne de « la tâche, j'ai accepté le mandat dont je viens « m'acquitter aujourd'hui. Pour combattre une « iniquité, tentée sur de tristes excitations, pour « faire maintenir un droit incarné dans une « touchante infortune, il n'était pas utile de « professer telle ou telle opinion; il suffisait d'être « honnête homme, d'avoir quelque indépendance « et de se sentir au cœur l'amour de la justice ; « j'ai cru que je remplissais ces conditions, et me « voilà prêt au combat.

« En 1851 le Prince Président fit un premier
voyage à Marseille.

« A ce moment, un grand débat local s'agitait.
« Nous en avons suivi les différentes phases avec
« un intérêt aussi vif que la cause le comportait.
« Il y avait là des millions et des millions de
« valeurs ; il s'agissait de savoir qui mettrait la
« main sur ces richesses et qui en ferait emploi.
« C'était une question difficile à résoudre. Le
« Prince Président y appliqua son attention, et il
« réussit.

« On en éprouva à Marseille une immense
« satisfaction, et ce sentiment revêtit la forme
« d'une profonde gratitude pour celui à qui on
« devait, en si grande partie, de si importants
« résultats.

« C'est alors que le Conseil municipal en 1853,
« s'occupa, dans une suite de délibérations,
« d'accepter la transaction et de manifester la
« reconnaissance dont il était animé.
« La municipalité offrit d'abord les terrains et
« un million, pour la construction du château.
« L'Empereur accepta les terrains et refusa le
million.

« On vous a dit que la ville n'avait jamais
« fait payer les eaux à la liste civile, d'où mon
« confrère tirait cette conclusion que la Ville consi-
« dérait la résidence comme une dépendance du
« domaine municipal. La vérité est toute autre, la
« Ville entendait faire une concession gratuite et la
« preuve en est dans le billet, que j'ai reçu ce
« matin :

« Mon cher Aicard, c'est la première fois que
« j'entends dire que la Ville avait fait arriver les
« eaux au Pharo, parce qu'elle considérait la Rési-
« dence comme un domaine municipal. La ville
« ne pouvait pas faire payer à l'Empereur les
« verres d'eau qu'elle lui donnait. « Cette lettre est
« signée : « Onfroy. »

« En 1870, celle qu'on appelle la veuve Bona-
« parte, celle qui n'est plus Majesté (en républi-
« que vous a-t-on dit, il n'y a plus de Majesté),
« s'est conduite (à cette heure je la défends, mais
« la vérité m'oppresse), avec une vraie grandeur.
« Déjà on l'avait vue, lors du mariage qui devait
« l'élever sur un des premiers trônes du monde,
« on l'avait vue refuser l'offre du Conseil muni-
« cipal de Paris, voulant lui offrir un collier :
« Non, je ne veux pas d'un pareil sacrifice, vous
« me rendriez bien plus heureuse si vous consa-
« criez cette somme à soulager la misère. Plus
« tard, trouvant un portefeuille bondé de billets
« de banque dans sa corbeille de noces, elle
« employa ces richesses à la fondation d'œuvres
« que nous devons admirer. Et enfin, elle termina
« sa carrière impériale, celle là du moins (car peut-
« être dans le parti dont elle est le chef s'imagine-
« t-on que tout n'est pas terminé); elle termine sa
« carrière de souveraine par un mot qui mérite de
« rester et de retentir ici. Comme on l'entretenait
« de certaines démarches à faire, de certaines
« questions de dynastie, elle répondit :

« Il ne s'agit pas de sauver l'Empire, mais de
« sauver la France ».

« Dès avant qu'elle se trouvât régente, on
« avait pris des dispositions pour que la résidence

« de Marseille servit d'ambulance aux blessés, et
« plus tard on a pu y voir des mobiles et de l'ar-
« tillerie ».

Après ce préambule, Me Aicard aborda la
discussion juridique. Elle fut à la hauteur de
l'exposé des faits. Chez lui, la science du juriscon-
sulte était égale à l'éloquence de l'orateur. Sa
magnifique plaidoirie dura deux audiences; elle
causa une profonde sensation.

Le ministère public essaya, en vain, d'en
détruire l'impression. Le procureur avait cru
devoir s'abstenir, et son substitut Me Mazeau, se
défendit avec indignation, du soupçon de laisser
la politique influencer sa discussion :
« Seule ma conscience dictera mes conclusions,
« s'écria-t-il ; je parlerai avec la plus entière indé-
« pendance ! ».

Seulement il se trouva que sa conscience fut
d'accord avec son intérêt; ce qui lui enleva l'occasion de montrer son indépendance :
« La Ville a cru faire un contrat onéreux et la
« liste civile a cru recevoir une libéralité; donc, il
« n'y a pas eu accord de volonté ».

Tel fut le thème de sa discussion, à laquelle il
apporta ce tempérament que la Ville, en reprenant
les terrains ne pouvait avoir la prétention de
s'enrichir et qu'elle devait payer une indemnité à
la liste civile.

« Nommez des experts, dit-il, qui évalueront
« la plus-value donnée aux terrains par la cons-
« truction du château. Choisissez-les, à l'abri du
« soupçon. Il ne faudrait pas les prendre dans les

« rangs des républicains ardents, mais il ne
« faudrait pas les prendre non plus dans les rangs
« de ceux qui n'aiment pas la République ! »

Le jugement du président Autran fut un
modèle du style académique, et choqua, pour
autant, les juristes, aux âmes d'anciens procureurs,
inféodés aux vieilles formules, et incapables de
rédiger leurs conclusions, autrement qu'en gali-
matias.

J'ai du plaisir à en faire revivre quelques
attendus :

« Attendu que vers le milieu du siècle où nous
« sommes, Marseille semblait prendre l'essor d'une
« nouvelle vie; le boulevard Chave et la place
« Saint-Michel, l'avenue de Longchamp, les
« grandes lignes du Prado et de la Corniche, le
« boulevard Baille, commençaient à rayonner
« dans la cité. De longues voies ouvraient à la
« circulation une vaste carrière. De magnifiques
« monuments, la Cathédrale, la Bourse, le Palais
« de Longchamp, celui de la Bibliothèque; le
« sanctuaire de Notre-Dame-de-la-Garde, allaient
« s'élever; la Durance venait d'apporter le tribut
« de ses eaux, le chemin de fer lançait ses machi-
« nes reliant au bassin méditerranéen le Nord de
« l'Europe;

« Attendu qu'à ce moment s'élaborait pénible-
« ment une opération grandiose, la transformation
« des terrains du Lazaret, combinée avec la créa-
« tion des nouveaux ports;

« Que telle était la situation quand le Prince
« Président arriva à Marseille; il trancha de ses

« mains l'inextricable nœud dans lequel s'enchevê-
« traient les chaînes administratives de la Munici-
« palité, du Domaine et de la police sanitaire, la
« transaction était résolue, et le jour même où il
« cimentait la pierre fondamentale de la Cathé-
« drale, il allait fixer les bouées sur lesquelles
« devait s'aligner l'enceinte des nouveaux ports;

« Attendu que c'est à cet instant que surgit,
« de quelque part qu'elle vint, l'idée d'érection
« d'une villa princière, qu'accueillie aussitôt dans
« la presse, elle y eut sa période d'incubation, et si
« l'on crut devoir laisser quelque vague sur le
« choix d'une localité, jamais cependant il n'en
« fut indiqué d'autre que celle définitivement
« adoptée; l'idée de la construction et celle de
« l'emplacement du Pharo furent, dès le principe,
« inséparablement unies;

« Qu'alors, en effet, ce promontoire n'offrait
« qu'un aspect triste et désolé; c'étaient quelques
« rochers arides, entrecoupés de joncs et de
« plantes marines; sur le sommet apparaissaient
« les clôtures pierreuses de quelques ignobles guin-
« guettes, ces lieux avaient depuis longtemp perdu
« l'animation qui inspirait à Joseph Vernet une
« de ses toiles les plus célèbres; à peine quelque
« mouvement existait-il autour d'un restaurant
« renommé, dans la zone tout à fait inférieure que
« baignent les flots;

« Que la construction projetée atteignait à la
« fois plusieurs buts; qu'elle donnait un aboutis-
« sant à l'avenue de la Corniche et du Prado,
« qu'elle fournissait un point d'attraction au quar-
« tier des Catalans en voie de formation, qu'elle

« procurait à notre splendide cité un précieux
« ornement ;

« Que ce cap couvert de verdure, couronné
« d'une architecture modeste mais élégante, faisant
« pendant aux masses et aux dômes étincelants de
« la Cathédrale, devait compléter la magnifique
« entrée de Marseille sur la Méditerranée, son vrai
« domaine ;

« Attendu que c'est dans ces circonstances
« que, le 16 Juin 1853, le Conseil Municipal de
« Marseille prit une délibération sur la vente des
« terrains du Lazaret, sur les grands travaux
« auxquels le produit devait en être employé, et
« sur ce prix » il décida « d'offrir » un million à
« l'Empereur pour contribuer à la construction
« d'une Résidence qu'il avait songé à établir en
« cette ville... »

Je répète qu'il faut avoir une âme d'ancien
procureur, pour oser critiquer ce style. Que celui-
là veuille bien m'expliquer pourquoi une décision
judiciaire ne saurait s'exprimer en un beau langa-
ge ? Peut-être faut-il le demander à l'adage latin :
« Non licet omnibus adire Corinthum ».

Le président Autran, académicien, apporta
dans le jugement de l'Impératrice la précision de
l'historien, le coloris du peintre, le lyrisme du
poète et la haute indépendance du vrai magistrat.

La Ville déboutée, fit appel ; la Cour confirma,
et l'Impératrice donna à la Ville ce que les Tribu-
naux lui avaient refusé.

Son intention fut manifestée par une lettre

adressée de Farnborough Hill, à M. Rouher, le 15 Décembre 1882.

Mon cher Monsieur Rouher,

« En défendant mon droit devant les tribu-
« naux, je l'ai fait surtout par respect pour la
« magistrature Française, car croire ma cause
« perdue d'avance, c'eût été admettre que la pas-
« sion ou l'intérêt personnel pouvait influencer
« les arrêts de la justice de notre pays.

« Mais aujourd'hui que ce droit a été reconnu,
« je ne veux pas garder les terrains que la Ville
« de Marseille a donnés spontanément autrefois à
« l'Empereur et qu'elle conteste aujourd'hui. Je
« vous prie en conséquence de faire les démarches
« nécessaires pour donner, en mon nom, à la Ville,
« le parc et le château du Pharo, que l'Empereur
« a fait construire à ses frais.

« En agissant ainsi, je crois m'inspirer de la
« pensée de ceux qui ne sont plus, et j'espère que
« 'vous, qui avez été leur ami dévoué, approuverez
« ma conduite. Je ne veux pas terminer cette lettre
« sans vous demander de remercier pour moi,
« l'avocat distingué qui, quoique séparé de nous
« par ses opinions politiques, n'envisageant que
« l'équité et le droit, a mis un grand talent à
« défendre cette cause.

« Croyez, mon cher Monsieur Rouher, à mes
« sentiments affectueux. ».

EUGÉNIE.

M. Bournat communiqua au Maire, l'original de la lettre Impériale, et lui en laissa une copie, certifiée par lui.

Dans le *Journal de Marseille* du 22 Décembre 1882, Eugène Rostand, apprécia, comme il convenait, l'acte magnanime de Sa Majesté : « Elle a « eu, la mère en deuil, cette force de rendre chré- « tiennement le bien pour le mal. C'est sa façon, « à cette âme, de se venger des injures. Que ceux « à qui elle donne ainsi une leçon ne lui en veuil- « lent pas : elle ne songe point à la donner. Par « ce temps d'avidités universelles et de petites « passions, un tel dédain de l'intérêt le plus légi- « time, un tel oubli de l'offense sont rares ; c'est « leur honneur, et s'il faut, leur excuse.

« La Résidence Impériale recevra une destina- « tion nouvelle qu'il restera à souhaiter digne de « la donatrice comme du fondateur, et sur « laquelle, quoi qu'on fasse, les ailes déployées « comme les aigles ineptement mutilées de l'édi- « fice, mais plus ineffaçables, planeront leurs « souvenirs. »

XXVII

LA SOCIETE « LA CORSE »

Le parti bonapartiste n'était pas, tous les jours, dans la liesse des banquets. Les Corses, qui, comme je l'ai dit, le composaient en majorité, venaient, fréquemment, retremper leurs opinions, dans le magasin de mon père, où l'optimisme persistant des chefs faisait revivre leurs espoirs, parfois vacillants.

Le respect des opinions de leurs compatriotes républicains permettait à tous les insulaires de venir chez nous, sans distinction de partis, ils y étaient également bien reçus.

Je me rappelle, parmi ces amis de la première heure, M. Mathieu Virgitti, qui en des postes, si divers, a pu montrer son dévouement aux intérêts de notre ville. Conseiller municipal, président du Syndicat des Hôteliers, etc., maintenant juge complémentaire au Tribunal de Commerce, il est un de ceux qui ont le plus contribué à fortifier l'estime dont les Corses jouissent à Marseille, et dont chaque élection nous donne une preuve nouvelle.

A ses débuts, j'ai connu aussi, lorsqu'il était encore chef de bureau au chemin de fer, M. L. B.

Franceschi, qui devait, par la création de l'importante maison Franceschi et Richard, prendre un jour la tête de l'industrie du camionnage, à Marseille. Dire, aujourd'hui, que tous ceux qui le connaissaient prédirent sa réussite, serait s'exposer au reproche d'être prophète, après coup. Telle est pourtant l'exacte vérité.

En écrivant le nom de cet homme, actif, laborieux, à l'esprit organisateur, je passe sur l'intelligence, parce qu'elle est une qualité, assez généralement reconnue aux Corses, je ne puis m'empêcher de constater combien est inexacte la légende qui veut faire d'eux des contemplatifs et des paresseux.

Bons fonctionnaires, nul ne le conteste, ils excellent aussi dans le commerce et l'industrie. A ceux qui en douteraient, je conseille un voyage au Cap Corse. En voyant les villas opulentes, les châteaux de ceux qui, Barcelonnettes insulaires, se sont enrichis dans les Amériques, ils comprendraient qu'une race qui produit des travailleurs pareils, n'est pas atteinte de l'indolence qu'on lui prête à tort.

**

Son fils, M. Emile Franceschi, est un des juges les plus estimés de notre Tribunal de Commerce. Comme M. Charles Bortoli, comme tant d'autres qui ne sont pas nés dans l'île, il garde le culte pieux du pays de son père, l'amour de la petite patrie, fondement et garant le plus sûr de l'amour de la grande.

La présence de ces deux hommes, jeunes, et à la tête tous deux, de maisons importantes, dans le comité du Syndicat d'initiative de la Corse prouve que leur foi est une foi sincère, puisqu'elle agit.

****

La marine marchande, était représentée, en plus des capitaines dont j'ai cité les noms, à propos des Valéry, ou des charbonniers de M. Martinetti, par deux amis intimes de ma famille, les capitaines Touranjon et Buscia.

Le premier, simple capitaine au cabotage, avait la réputation d'être un marin si expérimenté, que les grandes compagnies lui confiaient des commandements réservés d'ordinaire aux capitaines au long cours. Il fut le premier commandant du quatre-mâts à vapeur l'*Auvergne* et son habileté, il disait modestement sa « fortune » fut telle qu'au cours de sa longue navigation ses navires n'eurent jamais d'avaries sérieuses.

Aussi bon marin était le capitaine Buscia, qui commanda longtemps à bord des paquebots de la Compagnie Valéry. Son fils continue ses traditions, et est lui aussi, un des bons officiers de la marine marseillaise.

****

Nous recevions peu les employés du gouvernement; ils n'étaient d'ailleurs pas nombreux à Marseille. Celui que j'ai le plus connu, était un inspecteur des douanes, homme de haute distinction. Nous l'appelions le Comte Limarola ; mais je crois que cette appellation était plutôt un surnom, qu'un titre authentique.

Il avait le type d'un grand seigneur de la renaissance italienne ; toujours élégamment vêtu, il était l'ami inséparable du docteur Levie. Ensemble, ils déjeunaient chez Pascal, le bon restaurateur marseillais, que le docteur Levie avait mis à la mode parmi ses camarades du Cercle des Phocéens.

Habitué du café Bodoul, il ne dissimulait pas ses opinions bonapartistes à la clientèle légitimiste de ce café, si longtemps notoire, de notre ville.

Démocrate, comme tous les Corses, accessible aux plus humbles de ses compatriotes, il rencontrait journellement chez nous, un modeste peseur de son administration, le père Gambini, qui assurait la liaison entre le Comité bonapartiste et les douaniers corses.

*

De ce côté démocratique des mœurs corses, j'ai un souvenir bien plus frappant. Le Général Giovaninelli le héros du Tonkin, un des grands chefs de notre armée, grand-croix de la Légion d'honneur, causait un jour avec mon père, sur la porte de son magasin, quand vint à passer un soldat de 2ᵉ classe, un bleu, bien évidemment. Il regarda le général, hésita un instant, puis s'approchant avec un peu de gaucherie, lui dit : « Mon Général, je suis de ... (ici, le nom d'un village de la Corse, que j'ai oublié) ». Le général : « Comment t'appelles-tu ? » « Un tel ... Je suis fils de .... ; mon oncle est un tel... » Le Général : « Je connais ton pays, nous sommes voisins. Tiens, voilà pour boire avec tes camarades. » Et le Général lui donna 5 francs. Je doute que dans toutes les provinces, le sentiment du pays suffise à provoquer ces rapprochements où la discipline n'a rien à perdre, et le dévouement de l'inférieur au supérieur, tout à gagner.

* * *

Chez Mirtil j'avais fait la connaissance d'un fonctionnaire qui s'appelait comme moi, sans être mon parent. C'était un homme serviable, occupant un rang élevé dans l'administration de l'octroi ; je crois même qu'il en était un des principaux chefs. Signe particulier, fort rare pour l'époque, il était déjà républicain.

* * *

La liste des fonctionnaires se clôturera vite, avec le bon M. Massoni, employé des postes. Sa femme et lui, fréquentaient assidûment ma maison. Peut-être parce qu'ils étaient les neveux de l'abbé Mazzoni, et que les prêtres sont de grands marieurs, ils s'occupaient volontiers de marier les jeunes gens qu'ils aimaient.

* * *

Des Corses étrangers à Marseille, qui venaient, pendant leurs séjours dans notre ville, prendre langue avec leurs compatriotes,, le plus assidu était M. Napoléon Raimondi de Suez.

Entrepreneur important, il avait contribué, pour sa part, au succès de l'œuvre formidable de M. Ferdinand de Lesseps. Son honorabilité, la fortune qu'il avait su gagner, en association avec son frère, avaient contribué à faire de la colonie corse, une des fractions les plus considérées de la Colonie Française d'Egypte, comme la Colonie Française y était alors la plus considérée et la plus importante des colonies européennes.

Par lui, nous avons connu le vénérable M. Musso, aujourd'hui, sans doute, le doyen, à coup sûr, un des plus importants négociants de Bastia.

D'Ajaccio nous arrivait périodiquement, pour la plus grande joie de mon père et de mon oncle, leur camarade d'enfance, Monsieur Lambroschini, le père du chef du transit de la Compagnie Transatlantique, mon collègue au Comité de Direction du Syndicat d'Initiative. Ils allaient ensemble faire leurs achats à la foire de Beaucaire, antique précurseur des grandes foires de Lyon, Paris, etc.

Impossible de consacrer une notice individuelle à tous les bons amis de cette époque, leur souvenir ne s'est pas effacé dans mon cœur, mais ils sont trop.

Je rappelerai seulement, ceux que j'ai le plus connus :

MM. Siciliano et Taglia tous deux transitaires; Pozzo di Borgo, alors assureur; Drago, représentant de Commerce; Trama, capitaine marin, devenu négociant en charbons; de Susini, Antoniotti, anciens commissaires; Orsoni; Dr Rossi, le type le plus extraordinaire de travailleur corse, que j'ai jamais connu ! De maître d'école il était devenu au concours employé des télégraphes, et pendant ses heures de loisir, il avait préparé son doctorat en médecine, et il a fini sa carrière comme médecin sanitaire !

MM. Poggi, également employé au télégraphe; son beau-frère Massardo; Occhiodamore; Drimaracci; Leca; Bidali, père du receveur du Bureau de Bienfaisance, membre du Comité de Direction du Syndicat d'Initiative.

MM. Campana et Foata, les deux beaux-fils de M. Napoléon Raimondi, tous deux officiers d'administration. Le premier, tout en remplissant ses fonctions à la satisfaction de ses chefs, préparait et subissait avec succès les examens de licence et de doctorat en droit ! Anziani, Poli, Maestracci, un humble, fidèle et dévoué comme un chien de garde, Lanfranchi, ancien instituteur à la rue Châteauredon, Cristofini, Grini, Sabadini, Bastiani, Sémériva, Franchi, employé des postes; Frigara, Giovanelli, Tomasini, pharmacien ; Malaspina, négociant en tissus, Tafanelli, Cascinelli, Corazzi, Camugli, etc.

∗_∗∗

C'est parmi ces braves gens que naquit l'idée d'une société de secours mutuels, d'une société de prévoyance entre les Corses de Mareille. Elle fut réalisée par un petit homme, vif, actif et pétulant. Son menton accentué et volontaire, se dissimulait sous une barbe broussailleuse. Il était professeur d'écriture et s'appelait Papi. Au physique, il ressemblait un peu à M. Ramagni. Au moral, ils avaient tenté le même effort pour réunir les Corses de Marseille.

Mais M. Ramagni n'était ni un poète, ni un artiste; c'était un travailleur à l'esprit pratique et raisonnable.

Les gens pratiques sont rarement des créateurs ou des inventeurs, ils ne peuvent que continuer ce que d'autres ont imaginé. Là où M. Ramagni avait échoué, à la fin de l'Empire, M. Papi réussit dans les premières années de la République.

Il était, dans son genre, un artiste.

Un Christ de grandeur naturelle était son œuvre et pour l'exécution de ce travail considérable, il n'avait employé que des plumes à écrire. C'était là, évidemment, un vrai tour de force, qui au temps des maîtrises, eût suffit à le faire recevoir maître.

Professeur de calligraphie il m'avait eu pour élève; j'ai caché ce détail tant qu'il a vécu, parce qu'il aurait pu lui porter tort; je puis le divulguer aujourd'hui.

Sa femme, qui était sa cousine germaine, avait des prétentions à la plus antique noblesse.

Sur sa carte de visite, que j'ai eue dans les mains, on pouvait lire ces mots :

Madame Papi, née Papi,

des Pharaons Papi, de la VI° dynastie

Les malheureux gentilshommes, dont la noblesse ne remonte qu'aux croisades, devaient lui paraître des anoblis d'hier.

Elle n'avait d'ailleurs pas le privilège de l'originalité dans les cartes de visite.. Un de ses compatriotes, lieutenant d'octroi, avait inséré son nom, dans une pensée, ce qui faisait :

Pensée à Thomas Alessandri,

Lieutenant d'Octroi.

Mais, je n'en finirai plus, si je me laisse continuellement aller à des digressions ; j'en reviens à la Société de secours mutuels.

Chez mon père, M. Papi avait connu le parfait gentilhomme qu'était M. Filippi. Un long stage, dans la magistrature (juge de paix à Menton, après l'avoir été à Roquevaire), lui avait inspiré le désir de plus d'indépendance. Le Barreau reçut son inscription, presque en même temps que la mienne. Homme de conseil et de cabinet, il devait s'en tenir à la consultation. Grâce à lui, j'ai pu plaider, jeune ; alors que sans lui, j'aurais attendu les dossiers, comme la plupart des débutants à qui la veine ne sourit pas.

Modeste, autant qu'érudit M. Filippi accepta d'être le Vice-Président du professeur d'écriture.

Le Secrétaire fut un insulaire, au nom continental, M. Emile Napoléon Latour, avoué près le Tribunal Civil.

Son fils devait, au cours de cette dernière guerre, mourir, bravement, sur le champ de bataille. Une de ses filles a épousé mon sympathique confrère Léonce Gardair.

La caisse fut confiée à un négociant, M. Annibal Fieschi, dont le frère, par compensation au prénom carthaginois de son aîné, s'appelait Pompée.

Les administrateurs étaient M. Colonna, consul du Salvador et administrateur du *Petit Provençal;*

M. Fil François, aujourd'hui vice-président du Syndicat d'initiative de la Corse ;

M. Liccioni Thomas, marchand tailleur des plus honorables de la rue de la République ;

M. Magnaschi Dominique, courtier de commerce ;

M. Novella Philippe, négociant ;

M. Palmeri André, également négociant ;

M. Paoli Antoine, marin ;

Enfin, deux parents, M. Piccioni François, rentier, frère de la Comtesse Valéry, et M. Roncayolo André, armateur.

(Qui dirait que la Corse ne produit que des fonctionnaires ?)

*

Peu de temps après sa constitution, le président fondateur, M. Papi, se retira et fut remplacé par mon professeur d'histoire naturelle, au Lycée, M. Catta.

Je n'éprouve aucune gêne à parler de lui. Son nom évoquera un souvenir fâcheux, auquel le mêla sa participation à l'administration communale. Il fut traduit en Cour d'Assises, mais il fut acquitté.

Au dire de gens qui l'ont connu, cet acquittement fut un simple acte de justice, Catta était un mauvais administrateur et un imprudent, pas autre chose.

Sa présidence de la Société « La Corse » confirma cette opinion; elle fut heureusement courte.

Mon confrère Filippi le remplaça à la présidence, qu'il garda jusqu'à sa mort. Avec lui, la Société connut cette prospérité, qui devait s'accentuer par la suite, et faire d'elle, sous son successeur, M. J. B. Botti de D. Martinetti, une des plus florissantes de Marseille. Elle possède, aujourd'hui, un actif de plus de 70.000 francs.

XXVIII.

LE MAJOR BRIERE — M. CECCALDI

La mésaventure de M. Catta éveille en moi des souvenirs mélancoliques sur la vieille réputation de probité, qui, pendant si longtemps auréola les Corses.

Plaidant pour le Conseiller Municipal Catta, devant la Cour d'Assises des Bouches-du-Rhône, Maître Baret s'écria, avec sa fougue d'orateur du Midi : « Un Corse peut devenir un meurtrier, un voleur, jamais ! » Et cette exclamation contribua, peut-être, à l'acquittement.

Presque à la même époque, au Conseil de Guerre, je plaidais pour un jeune soldat, récemment débarqué de l'île. Seul, un jour, dans la chambrée, il s'était laissé aller à commettre un larcin qui tirait toute sa gravité de la peine, que le code lui infligeait.

J'entends encore le Major Brière, commissaire du Gouvernement, s'écrier, sur le ton de l'indignation la plus convaincue : « Vous avez volé, vous êtes indigne d'être Corse ! J'arrive de votre pays, devenu le mien par le cœur ; les portes des maisons y restent ouvertes, même la nuit. En Corse, il n'y a pas de voleurs ! »

Hélas, la civilisation a fait son œuvre,, dans l'île comme sur le continent. Elle y a créé des besoins nouveaux, et si elle en a, .peut-être, adouci les mœurs, c'est au dépens de leur austérité.

Rendre hommage à la vieille probité corse, devait être facile au Major Brière. Son mariage l'avait apparenté au vénérable député Ceccaldi, le plus honnête homme de la Corse, comme mon père avait l'habitude de l'appeler.

Les républicains de 1848 n'avaient de commun que le nom, avec ceux de 1870. Vraiment libéraux, ils avaient le respect de la liberté de l'opinion, même chez leurs adversaires.

On m'a raconté, à ce propos, une anecdote qui dépeinf bien les deux types si opposés du républicain 1848 et du républicain moderne.

Le vieux Ceccaldi et le jeune Emmanuel Arène faisaient ensemble une tournée électorale dans l'arrondissement d'Ajaccio. Ils se trouvèrent un jour, en présence d'un électeur, qu'ils croyaient hésitant et qui leur déclara nettement, qu'il était bonapartiste. « Mon ami, lui dit alors l'honorable M. Ceccaldi, votez conformément à vos opinions.»

La civilité la plus élémentaire empêchait Emmanuel Arène de protester en présence de l'électeur. Mais, ,à peine l'avaient-ils quitté qu'il déclara à M. Ceccaldi que, désormais, il mènerait la campagne tout seul. « Si vous violentez la conscience d'un seul électeur, se borna à lui répondre le vieux député, vous ne ferez pas œuvre de bon républicain ».

Emmanuel, gavroche, répondit : « Je m'en fous. »

XXIX

EMMANUEL ARENE

Emmanuel Arène s'est trop souvent mêlé à la vie des Corses de Marseille, pour que son nom ne soit cité, dans ce recit, que d'une manière incidente.

Je n'ai pas sur lui de souvenirs importants ; mais l'ensemble de ceux que j'en ai gardés, m'ont laissé l'impression d'un homme aimable et spirituel, gâté tout jeune par les circonstances et par les dames, capable de beaucoup de cœur et de beaucoup de courage, de trop de scepticisme et de légèreté.

A mon avis, la mort l'a surpris, alors qu'il avait gâché les plus belles années de sa vie, et qu'il commençait à s'apercevoir qu'il était temps de mieux employer son intelligence, son activité, son influence et son talent.

Il suscita ma jalousie d'enfant ! M. Ramagni avait une sœur, Madame Planque, qui était l'amie intime de ma mère. Souvent le jeudi ou le dimanche, j'allais goûter chez elle. La bonne dame me cajolait, comme si j'étais son enfant; mais, deux ou trois fois par an, c'était une catastrophe, je n'existais plus !

« Emmanuel va arriver, Emmanuel est arrivé ! » Alors, il n'y en avait plus que pour cet important personnage... Qui était-il ? j'appris que son père était l'agent de la Cie Valéry, à Ajaccio, qu'il avait quelques printemps de plus que moi, et que Madame Planque comme M. Ramagni, avaient pour lui la plus vive affection. Aussi, dès que je constatais le remue-ménage, précurseur de ses passages dans notre ville, m'empressais-je de déguerpir, bien résolu à ne pas partager les prévenances affectueuses de la bonne maman Planque.

Quelques années après, devenu un jeune homme, à mon tour, j'allais un jour, lui faire visite. Je tombais au milieu d'une conversation animée ; le salon était plein de dames, la plupart Corses, et bien qu'elles parlassent, à mots couverts, je compris qu'il s'agissait d'une bonne fortune d'Emmanuel Arène. Cet heureux mortel était paraît-il du dernier mieux avec une Comtesse, dont il avait fait la connaissance à Paris.

Comme il me semblait qu'il y gagnait un certain prestige, je fus assez choqué, car je ne voyais pas en quoi le cœur d'une Comtesse, pouvait aux yeux de ces bourgeoises, être d'un plus haut prix que celui d'une des leurs.

Aussi, quand nous nous trouvâmes en présence, pour la première fois, étais-je assez prévenu contre lui ; il ne tarda pas à me faire changer d'avis.

Notre rencontre, il est vrai, eut lieu pendant que le choléra sévissait à Marseille. Y vint-il, comme on l'a prétendu, pour galvaniser sa popularité ? C'est possible, le rapprochement des dates ne donne aucun démenti à cette supposition. En 1884 la liste d'Emmanuel Arène ne sera élue que grâce à l'invalidation scandaleuse de la liste du comte Multedo.

Mais ce qu'il faut reconnaître, c'est qu'il se conduisit fort bien, et qu'en plus du geste, il eut la manière.

Nous fîmes connaissance au Café Glacier ; son esprit et sa bonne humeur paraissaient ignorer l'épidémie. On eut dit, à le voir pimpant et alerte, quand il s'asseyait à notre table, qu'il sortait d'un boudoir, ou d'un bureau de rédaction ; il venait d'un hôpital.

Un soir, seulement, il ne put dissimuler sa tristesse. Un petit marin Corse venait de mourir, presque dans ses bras, et à la mémoire de cet enfant, il consacra quelques mots, dans notre conversation, et, dans le *Radical*, une Nouvelle, qui est une belle page de l'admirable prose française.

Cette tristesse ne fut qu'un nuage ; sa courageuse belle humeur ne lui permit plus d'apparaître ; et dans nos « dîners du microbe », même quand autour de lui, dans les salles d'hôpitaux, l'épidémie avait été la plus meurtrière, il fit toujours figure de joyeux viveur.

Ces « dîners du microbe » avaient pour protagonistes, Pradel, du Sémaphore, et Emmanuel Arène. Ils s'attaquaient, à peine à table, pour n'importe quoi, et sur tous les sujets. Les lances étaient courtoises, sans être complètement émoussées. Ils les rompaient pour des actrices, pour des tableaux, pour des poètes ou pour les mérites des grands restaurants de Paris.

A ces dîners, assistaient quelques jeunes substituts, qui m'avaient demandé de faire la connaissance du député de la Corse. Un d'eux était notoire pour ses boutades, M. Georget. Les ripostes qu'il s'attirait, étaient parfois vives. Dans une affaire correctionnelle importante, il eut l'imprudence de s'en prendre à Mᵉ Joseph Jourdan, dont l'esprit était déjà aussi jeune qu'il l'est aujourd'hui et il lui cria : « Sachez, Maître, que je fais partie d'une Société pour la destruction des imbéciles ! » Jourdan, dont le nom est. très à sa place dans ces souvenirs, puisqu'il est né à Bastia, et qu'il y a été élevé, lui répondit sans s'émouvoir : « Il n'y a jamais de suicide, dans votre société, M. le Procureur ? »

Un autre magistrat, se signalait par l'élégance fleurie de sa parole, M. Capillery. Sa démission, qu'il dut donner, peu de temps après, à la suite d'un déplacement, qui était une disgrâce, nous priva d'un magistrat cultivé, d'un commerce, comme d'un talent agréable.

•*•

Pendant son séjour à Marseille, Emmanuel Arène distribua beaucoup de faveurs. Il mettait sa vanité, et c'est, sous ma plume, un reproche amer, à jouer la difficulté, en matière de recommandation. Les moins qualifiés étaient ses candidats préférés. Par leur nomination, il rendait plus manifeste son influence en haut lieu.

Nous nous séparâmes, sans échanger d'adieux. presque en indifférents.

Une vingtaine d'années après, j'eus à signer pour le Président, mon regretté ami M. de Gaffory, indisposé, le courrier du Syndicat d'Initiative de la Corse, à Marseille. Nous avions appelé l'attention des élus de la Corse sur diverses questions intéressant les relations de Marseille avec l'île. La réponse que me fit Arène, dépassa toutes nos espérances. Quatre longues pages prouvèrent son zèle pour le présent et le promettaient pour l'avenir. Son accueil à des visites qui lui furent faites, dans l'intérêt général, démontra une évolution radicale dans son attitude. Ce n'était plus pour la nomination d'un fonctionnaire, qu'il appelait un ministre ou un sous-secrétaire d'Etat au téléphone, c'était pour le bien public.

De ces dispositions nouvelles le Docteur de Rocca Serra, mon bon collègue au Syndicat d'Initiative, nous apporta le témoignage certain :

Délégué auprès du Ministre, pour demander le maintien à la Joliette de l'embarcadère des bateaux partant pour la Corse, il se présenta d'abord chez Emmanuel Arène. Par un coup de téléphone, celui-ci obtint de M. Barthou, un rendez-vous pour le soir même. Il accompagna notre délégué, chez le Ministre et remporta de haute lutte la décision demandée.

Je crois que la mort a enlevé Arène, comme il commençait à dépouiller le vieil homme.

XXX

LE JOURNAL DE MARSEILLE

Le parti bonapartiste eut pendant plusieurs années, à sa disposition, un organe important, et de bonne tenue, *Le Journal de Marseille*. Il avait succédé au *Courrier de Marseille* dans l'imprimerie de M. Jules Barile, rue Sainte; n° 6, à la mort de ce dernier, en 1871.

La création du *Journal de Marseille*, nécessita la constitution d'un certain capital. Il fut souscrit par les principaux bonapartistes de la ville, et de la région : M. Bournat, le premier président Rigaud, Mᵉ Henry Arnaud, avoué, mon futur patron Mᵉ Platy Stamaty, avocat, M. Eugène Rostand, M. Rainouard, beau-père de M. Rodocanachi, M. Camille Roussier, directeur du Comptoir d'Escompte, M. Grange, ancien avoué, etc...

M Bournat fut président du Conseil d'Administration, et M. Albert Barile, fils, Administrateur Directeur.

Quand j'y entrai, comme chroniqueur judiciaire, le Directeur politique en était M. Henri Silvestre, et le rédacteur en chef M. Vernay de Montenay.

Mon ami Georges Pijotat, qui devait, par la suite, devenir un de mes confrères les plus distingués, y écrivait, sous la signature « René Saint-Georges », des articles, dont la sagesse et la pondération étaient fort appréciées.

Chaque matin, M. Silvestre arrivait vers 11 heures. Il entrait dans le cabinet de M. Vernay de Montenay, lui indiquait, brièvement, ses idées sur la politique intérieure et extérieure et le soir, les retrouvait dans l'éditorial, exprimées dans le style sobre, qui était la marque de cet excellent M. de Montenay.

La chronique théâtrale était faite par Lormond, pseudonyme de Théo Lepeytre, qui avait, un instant, promis au Barreau un excellent avocat. Ses confrères du stage lui avaient même conféré l'honneur de prononcer le discours de rentrée; mais journaliste dans l'âme, il les avait quittés pour la Presse, où il ne devait pas occuper la situation, que son talent méritait.

Les petits carnets, sur lesquels il écrivait au jour le jour, tous les événements de quelque importance, qui se déroulaient · dans notre ville, constitueraient une histoire locale, bien intéressante, s'ils venaient à être publiés. La vie théâtrale de Marseille, notamment, y serait retracée, avec une fidélité attachante et dans ses moindres détails.

La feuille commerciale était rédigée par le bon M. Séon. Son importance répondait à l'intention des fondateurs du *Journal de Marseille*, qui avaient voulu en faire le *Sémaphore* du soir.

*

Sauf, le premier président Rigaud, les bailleurs de fonds fréquentaient les bureaux du journal, et s'immisçaient volontiers dans sa direction, même dans sa rédaction.

Grand, portant beau, le chapeau sur l'oreille, comme un feutre empanaché, Me Henry Arnaud avait l'air d'un mousquetaire égaré dans la basoche. On cherchait, instinctivement, sous sa robe d'avoué, l'épée qui l'aurait relevée, comme un manteau. D'avoir occupé pour l'Impératrice, il avait gardé, parmi nous, une sorte d'autorité qui lui permettait de s'exprimer sur tout et sur tous, avec une netteté que tempérait fort heureusement, un bon garçonnisme jovial. La gauloiserie de ses propos aurait effarouché son auguste cliente; mais elle n'était pas là, pour les entendre.

Mon patron Me Stamaty, apportait sa bonne humeur souriante dans les conseils de la direction. Il abordait toutes les questions, avec un éclectisme indulgent; et n'était intransigeant que sur ce qui avait trait à l'armée. Plus que François Coppée lui-même, il avait un bonnet à poils, dans le cœur.

Ses souvenirs sur l'armée du Second Empire, dont il était un admirateur enthousiaste, lui permettaient de décrire un uniforme, de préciser la couleur d'un passepoil ou d'un bouton, comme le plus érudit des chroniqueurs de la « Sabretache ».

Adjudant du 3e bataillon de la **Garde Nationale**, celui du Cours Bonaparte, il avait contribué à donner à cette formation d'élite, l'aspect d'une troupe de soldats de l'armée régulière. Un grand chagrin lui était réservé : Le 4 Avril 1871, quand ce bataillon soutint contre les gardes civiques, un combat victorieux, il était par ordre, à Aubagne... il ne s'en consola jamais !

XXXI

M. EUGENE ROSTAND

Un chapitre spécial doit être consacré au plus notoire des conseillers du *Journal de Marseille.*

Vif, toujours pressé, toujours courant, quoique trainant la jambe,. M. Eugène Rostand arrivait en hâte, parlait en hâte et partait de même. Ce travailleur extraordinaire, dépouillait son courrier dans la rue, n'ayant pas le temps de le faire chez lui, ou dans les différentes Sociétés dont il était le Conseil écouté.

Quand M. Silvestre tomba malade, il le remplaça petit à petit à la direction du journal. L'évolution de ses idées fut lente; elle trouva d'abord un contre poids dans l'autorité, dont jouissait M. Albert Barile, imprimeur et co-directeur du journal.

Mais, le contre-poids disparu, en 1886, son emprise sur le journal fut telle qu'elle le métamorphosa. Les questions économiques l'emportèrent sur les questions politiques, sans pourtant que celles-ci disparussent totalement; elles changèrent seulement d'orientation ; le *Journal de Marseille* devint républicain.

Ce ne fut pas sans soulever un vif « tolle ».

J'étais en voyage, pendant les grandes vacances, quand parut un article, que je n'ai jamais lu, et qui mit le feu aux poudres. A mon retour, j'appris que j'avais protesté, contre cet article, au nom des Comités de l'Arrondissement de Marseille, dans une lettre, rendue publique, en même temps que le premier président Rigaüd, pour l'arrondissement dAix et le Marquis d'Aulan, pour l'arrondissement d'Arles..

Cette protestation était l'œuvre du premier président Rigaud, à qui j'envoyai, dès mon retour, mes félicitations et mon adhésion la plus complète; très fier de voir mon nom, à côté du sien, et de celui du Marquis d'Aulan.

Il me répondit par une carte de remerciements, auxquels il ajoutait cettre phrase, bien caractéristique de son état d'âme : « Demeurez loyal et « ferme, comme vous l'avez toujours été; et félici« tez-vous de voir tomber les masques, dont les « vrais visages n'ont que faire. »

La lutte contre M. Rostand s'engagea, immédiatement, dans les bureaux mêmes du journal. Les bâilleurs de fonds, qui y avaient conservé leurs entrées employaient toute leur influence, auprès de l'imprimeur M. Gary, pour que celui-ci résistât au républicanisme envahissant de son directeur. Rien n'y fit. Le pauvre M. Gary ne pouvait mettre en balance les annonces judiciaires de MM. Arnaud et Latour, avoués, avec les publications incessantes, par lesquelles Eugène Rostand faisait connaître aux économistes du monde entier, ses idées sur la rénovation et le fonctionnement des Caisses d'Epargne, idées hardies, pratiques, courageusement hostiles à un étatisme déprimant et dont la renommée devait, fort justement, lui ouvrir les portes de l'Institut.

Aujourd'hui, le nom d'Eugène Rostand est si universellement estimé, qu'on aura quelque peine à croire qu'il ait pu être une pomme de discorde, et qu'il ait suffi à empêcher la formation d'une liste d'union conservatrice au Conseil Municipal. Telle est pourtant l'exacte vérité.

La *Gazette du Midi* et le *Citoyen*, pour les royalistes, le *Sémaphore* pour les républicains modérés, et le *Journal de Marseille* pour les bonapartistes, avaient arrêté les bases d'un accord, aux termes duquel, chaque parti aurait droit à douze candidats, sur les 36, qui devaient former la liste.

Malgré leur désaccord avec M. Rostand, les bonapartistes furent unanimes à le porter, en tête des leurs.

M. Stamaty présenta la liste du *Journal de Marseille* à une réunion des délégués, qui eut lieu dans le cabinet, rue Saint-Ferréol, de Mᵉ Aimé Aillaud, avocat, chef, dans notre ville, de ce parti, qu'on apelait alors le « Centre Gauche », et dont le *Sémaphore* était l'organe autorisé.

Les royalistes étaient représentés, si je m'en souviens bien, par M. des Isnards.

Le Comte Armand, assistait à la réunion, et je suis porté à croire que c'était plutôt comme royaliste, que comme républicain. L'homme absurde est celui qui ne change jamais.

Quoiqu'il en soit de ce détail, toujours est-il que le nom de M. Eugène Rostand souleva un « véto », qui pour n'être pas motivé, n'en fut pas moins formel ! Ce véto fut même prononcé avec une telle unanimité, que M⁰ Stamaty eut l'impression qu'il avait été concerté à l'avance, car il ne provoqua aucune discussion entre royalistes et centre-gauchers.

M⁰ Stamaty protesta énergiquement et déclara se retirer, pour en référer à son Comité. Comme, malgré leur divergence de vues sur l'orientation du *Journal de Marseille*, M. Rostand, était personnellement très sympathique aux dirigeants du parti bonapartiste et qu'ils rendaient tous hommage à son grand talent, son nom fut maintenu et l'accord ne se fit pas.

Plus tard seulement, l'affaire Dreyfus rendit le schisme définitif.

M. Rostand croyait à l'innocence de Dreyfus et y croyant, il n'était pas homme à ne pas le dire. Le *Journal de Marseille*, organe d'une fraction importante du parti conservateur à Marseille, soutint une campagne acharnée, en compagnie des journaux d'opinions les plus avancées, en faveur du condamné des conseils de guerre. Il y perdit jusqu'à son dernier abonné. Quand Gary mourut, le journal disparut; il serait mort quand même, faute de lecteurs.

Sa carrière avait été honorable. Jamais aucune compromission d'affaires ne put lui être reprochée. Ses polémiques étaient courtoises; ses rédacteurs écrivaient en français.

***

Je n'achèverai pas ce chapitre sans rappeler que M. Eugène Rostand eut des velléités électorales. Il se présenta aux électeurs de la 6ᵉ circonscription, contre M. Antide Boyer. Ce paradoxe, fréquent en politique, s'affirma une fois de plus, qu'entre une individualité, absolument quelconque, et un homme de haute valeur intellectuelle et morale, le suffrage universel choisit le premier venu.

N'écrivant pas ce livre pour philosopher, je n'en rechercherai pas les causes générales; mais du cas particulier de M. Eugène Rostand, je veux en retenir une, qui à dire d'experts, eut plus d'influence qu'on ne pourrait croire, sur le résultat du scrutin.

L'histoire est plutôt burlesque. Parmi les tenants d'Antide Boyer, bruyants, interrompants, menaçants, était M. Pierre Bertas, qui, chacun le sait, se pique d'avoir des lettres.

M. Rostand était en train d'exposer ses projets sur l'amélioration économique du sort des classes populaires, quand une voix vengeresse, celle de M. Bertas, lui cria : « Vous avez assassiné Catulle ! » Notre ami qui n'était pas venu à cette réunion pour exalter ses mérites littéraires, ne jugea pas utile de faire l'éloge de sa traduction du poète latin et d'expliquer à ses auditeurs que Bertas aggravait par trop l'aphorisme connu : « Traduttore, Tradittore »; et il continua à parler d'économie politique. « Vous avez assassiné

« Catulle ! » répéta Bertas, le bras et l'index tendus vers l'orateur. Convaincu que l'interruption avait pour but de lui faire perdre le fil de son discours, M. Rostand se contenta de hausser les épaules ; mais pendant que ses partisans le soutenaient de leurs applaudissements, un certain malaise se manifestait dans la salle. Cette accusation, lancée d'une voix péremptoire, par une des notabilités du parti socialiste, n'était pas sans inquiéter quelques braves paysans : « As remarqua, a ren respoundu, quan li a di qu'avié assassina Catulo ? »

Fut-ce par simple ignorance ou galéjade intéressée, toujours est-il qu'un vrai groupe se forma: Les « VENGEURS DE CATULLE » et que le lendemain, dans une réunion où Eugène Rostand faisait l'éloge de l'Epargne et de la Mutualité, le nouveau groupe, surgissant au grand complet, l'apostropha au cri de : « Assassin ! Assassin ! » « Calomniateur, vous en avez menti ! » Bertas, debout sur une chaise, répétait obstinément : « Vous avez assassiné Catulle ! » « Prouvez-le » lui répondait-on. « Nous demandons la constitution d'un jury d'honneur ! » risquaient quelques indécis. Mais le tumulte devint tel, que la séance dut être levée sans que le mystère fût éclairci.

M. Eugène Rostand eut-il tort ou raison de ne pas prendre cette accusation au sérieux ? Peut-être fit-il trop d'honneur à l'intelligence des électeurs, en ne pas réfutant cette mauvaise plaisanterie par quelque riposte, qui eut couvert ses adversaires de ridicule. Un brave paysan n'est pas obligé de connaître Catulle et de deviner, que si en période électorale, accuser quelqu'un de vol, signifie seulement qu'on n'est pas du même avis que lui, l'accuser d'assassinat signifie qu'il aurait fait une mauvaise traduction latine.

XXXII

L'EVOLUTION POLITIQUE

Le favoritisme politique, par une régression de plusieurs siècles, a ramené la Corse aux temps romains de la *Gens* et du *Pater familias*. Le Corse en général si intelligent et si débrouillard, manque de confiance en lui-même : Il croit à une certaine suspicion et à un parti-pris contre lui, opinion que les apparences, parfois, ne justifient que trop.

Aussi, est-il porté à rechercher la protection d'un personnage influent, à devenir le *client* d'un *patron*, au sens latin des deux mots.

Les grandes familles, comme les Sébastiani, les Casabianca, les Abbatucci, jadis; les Gavini aujourd'hui : ou, les grands parvenus comme Emmanuel Arène, ont basé leur puissance sur cet état d'âme fâcheux.

En 1870, je le dis hautement, le bonapartisme a affranchi l'âme Corse, et pendant plusieurs années, le pays, grâce à lui, a pensé par lui-même, selon ses aspirations et selon son cœur.

De grands courants d'opinion, apanage des peuples libres, se produisaient dans l'Ile, comme sur le Continent, et elle s'honorait en nommant un Rouher, au point de forcer l'admiration du général Changarnier, proscrit du 2 Décembre.

Comment dans un pays si fidèle, la situation s'est-elle modifiée aussi radicalement ? Un Corse peut le rechercher, sans rougir .Ainsi que je l'ai déjà dit, les Corses habitant Marseille, tardèrent longtemps à se faire inscrire sur les listes électorales de notre ville. Ils avaient à rester inscrits dans leur pays, des avantages multiples, dont le moindre n'était évidemment pas les voyages gratuits, que la générosité de certains candidats mettait à leur disposition, au moment des élections.

Leur inscription à Marseille, se fit lentement et aux frais, je puis le dire, du parti Bonapartiste, qui n'en profita pas.

Inscrits dans l'Ile, ils avaient eu pour protecteurs leurs élus. Inscrits dans notre ville, ils cherchèrent sur place, leurs « *Patrons* ».

Tant que vécurent MM. Lagarde et Bournat, tout alla bien ; le premier agissait auprès des grandes Compagnies ou des grands commerçants ; le second, auprès des Administrations Gouvernementales, car son prestige était tel qu'on l'écoutait même dans les milieux officiels. Ces hommes éminents disparus, personne, dans le parti bonapartiste, ne fut de taille à les remplacer ! Alors, les recruteurs adverses jaillirent, nombreux et habiles. Ils allèrent au devant des solliciteurs ; ils les provoquèrent, et, grâce à eux, on obtint, ou à peu près, tout ce qu'on demandait.

A ceux qui résistaient, le refus du pain et du
sel !..... « Préférez-vous 93, cher ami ? ».

Voilà comment les ouvriers Corses de Marseille
ont été amenés, progressivement, à voter pour les
républicains ; leurs aïeux, d'ailleurs, n'avaient-ils
pas, toujours été républicains ?

Quiconque chercherait ailleurs les causes de
leur apparente évolution, se tromperait lourdement.

Cette histoire n'a rien d'héroïque ? Tel est
souvent, le sort de la Vérité, quand elle sort du
puits.

Loin de jeter la pierre à ces pauvres gens, je
leur trouve des excuses. Fidèles et sentimentaux,
la bataille les eut trouvés prêts et dévoués ; mais
que faire, quand César lui-même déclare qu'il ne
franchira plus le Rubicon ? « On vous trompe en
« vous annonçant le retour de l'Empire ! » affiche,
sur les murs de l'Ile le Prince Napoléon.

Le fils de ce même Prince laisse à qui vient le
voir, cette impression qu'il ferait un souverain de
premier ordre, mais que comme prétendant, il est
inexistant. M. Jules Delafosse, député Bonapartiste du Calvados, résume sa conversation, avec
lui, dans cette phrase : « Je n'ai ni Parti, ni Jour-
« nal, et ne veux pas en avoir ! »... (1) Il attend
que la France aille le chercher.

Et c'est ainsi qu'abandonnés, le drapeau
surmonté de l'Aigle disparaissant de l'horizon

____

(1) « Revue Hebdomadaire » du 19 février 1910.

politique, les ouvriers corses sont allés de Lagarde à Flaissières, en passant par Chanot.

** **

Rassurons-nous d'ailleurs, une notion plus exacte de leurs droits de citoyens leur donne, à chaque occasion, plus de courage et plus d'indépendance, au sein de leur nouveau parti : Ils ne renient rien, ni personne, des gloires de leur Ile.

Les Bonapartes feraient-ils encore plus défaut à leurs partisans et à la France, qu'il gardera éternellement la fierté d'avoir produit Napoléon, le pays de ce berger, qui se désespérant de la mort de son fils unique, répondait à ceux qui voulaient le consoler : « J'ai résisté à la mort de notre petit « Prince, je résisterai bien à la mort de mon fils ! ».

CONCLUSION

50 ANS ONT PASSÉ !

La République a célébré, l'an passé, ses noces d'or !

Elle se vante d'avoir fait une révolution, sans verser une goutte de sang; mais le mérite en revient à Celle qui n'a pas voulu qu'une goutte de sang fut répandue pour la défense de son trône.

Elle a fêté aussi le retour à la Patrie de l'Alsace et de la Lorraine, et tous les Français ont communié dans la même allégresse.

Mais du Nord, aujourd'hui, nous vient la menace sanglante du Bolchevisme. La civilisation aura besoin pour résister au fléau, de toutes les forces de conservation.

En continuant à défendre les idées d'Ordre et d'Autorité, qu'ils ont soutenues toute leur vie, les Impérialistes, sans abandonner leurs principes, seront les meilleurs républicains.

TABLE DES MATIÈRES

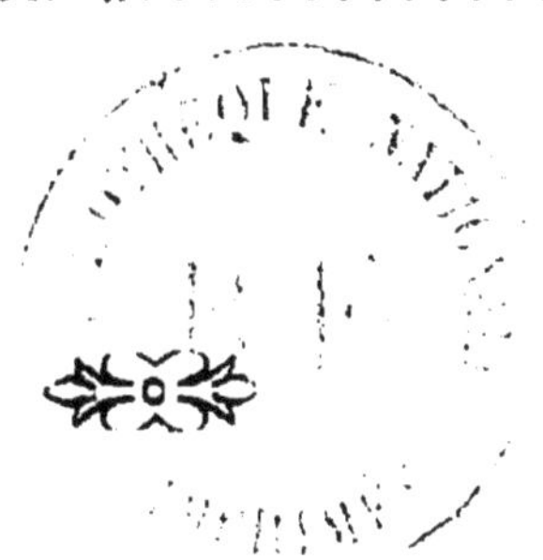